天下文化
BELIEVE IN READING

教育教養 BEP014D

從收穫問耕耘，
腳踏實地談教育

洪蘭|與|蔡穎卿 溫柔而智慧的教養對話

目錄

第一部

用對的方式愛孩子

contents
目錄

第二部

好好生活就是教育

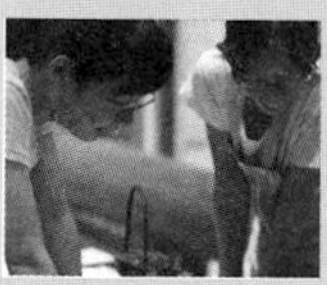

contents
目錄

第四部 釋放學習的真自由

contents
目錄

自序一

擇善固執，走對孩子好的路

——洪蘭

從來沒有一個世代的父母像這個世代的父母一樣，這麼操心孩子的教育；也從來沒有一個世代的父母在投資了這麼多的金錢和精神到孩子身上後，對回收卻全然沒有把握。我有好幾個朋友，自己本身是作育英才的教授，卻不敢生孩子，問起來都說：不會教，所以不敢生。他們甚至開玩笑說，在課堂上，對不聽話的學生了不起忍受兩堂課，下課鐘一響，各散西東；但是自己的孩子不聽話，那可是一輩子的苦惱，他們這樣一想，就不敢生了。難怪台灣的出生率是全球國家第二低。

其實，教養孩子一點都不難，父母不用怕，它只有一個原則，就是以身作則：你孝順你的父母，你的孩子以後就會孝順你；凡是你不要孩子做的，你自己也不要做，如此而已。

有一天，在一個座談會中，我和Bubu老師發現我們都沒有送孩子去補習、學才藝，也沒有給他們零用錢，但是他們都平順度過青春叛逆期，成為社會上有用之人，而且非常貼心。天下文化的許耀雲總編輯聽到了，便希望我們倆人來合寫一本書。Bubu老師的觀察力敏銳，她有很多第一線與家長接觸的實務經驗，每次問的問題都非常中肯，是許多父母心中的疑問；我則有很多實驗的經驗，在大腦上看到發展與學習的關係。許總編輯希望我們一問一答，給父母一些新的觀念，並且加強父母對教養孩子的信心，敢擇善固執地去走對孩子好的路。

父母的信心很重要。很多時候，人很難抵抗社會壓力，古語說：「木秀於林，風必摧之；行高於人，眾必非之。」別人都送孩子去補習，你不送時，你要有勇氣去抵擋那些閒言閒語。若是這股壓力來自家中的長輩時，更是為難，許多父母為了家庭的和諧，往往會屈服。但是教養孩子是父母的責任，不是祖父母的。父母要對孩子負責，因為是父母把孩子帶到這個世界來，有保護他的責任，更有養成他好習慣的責任。品格決定命運，習慣決定機會，一些看似無傷大雅的習慣，甚至會影響孩子日後在事業上的發展。

溺愛是最不好的教養方式，從「溺」這個字就可以看出它的危險性。曾經有個遊民說：「母親捨不得我吃苦，使我從小不懂得吃苦；我不懂得吃苦，反使我吃了一輩子的苦。」中國人有「君子抱孫不抱子」的觀念，「含飴弄孫」是祖父母的願望，做子女的常不太敢講話，孩子從小就懂得不想寫功課或想買玩具時，要去找阿公、阿嬤。但是教養要成功，一個家庭只能有一套教養方式，大人必須先商量好，一致對外，孩子才不會挑撥離間來漁翁得利。

當然，孩子一天有八小時的清醒時光是在學校中度過的，老師和校長的態度非常重要。孩子小時候對老師都敬畏如神明，曾經有個笑話：小學生看到老師去上廁所，大為吃驚，他以為老師是不上廁所的，因為神明是不上廁所的。在沒有電視、資訊不發達時，老師就是學習的榜樣，學生經常會不由自主地去模仿他所崇拜的老師。我初中的英文老師是師大英語系畢業的，她聰明美麗，教我們時，每天都是毛衣、窄裙、高跟鞋；後來我自己出來教書了，下意識地也是毛衣、窄裙、高跟鞋。直到有一天，碰到初中同學，看到她也是這樣打扮時，我們才相顧大笑，原來在不知不覺中，我們都被潛移默化成英文老師的模樣了。

對青春期的孩子來說，老師的重要性不亞於父母，所以這本書中對老師有很多著墨，在台灣現今價值觀混亂的社會，老師更需鼓勵。我們台灣對分數的重視已到病態的程度，許多老師明知不對，但沒有抵抗社會趨勢的力量。其實，教育是專業，學生的家長即使是博士、教授，也只是他那個領域的專業，不是教育的專業。在教育上，家長應該尊敬老師，不可以在孩子面前詆毀老師，因為人只會聽從他尊敬的人的話，也只會從他尊敬的人身上學到東西，一旦孩子不尊敬老師，老師的話他不會聽，學也就白上了。老師一定要不停地進修，進修會帶給自己自信，當家長來抱怨時，才能大聲地說：「請讓我用我的專業……」一個學校要辦得好，老師家長的相互尊重是必要條件。

許多研究都指出：「決定孩子行為好壞的因素，不是管教的鬆與嚴，而是父母參與孩子生活的程度。」父母給孩子最好的禮物是一個溫暖的家，讓他的情緒能在穩定安全的環境中發展。所以父母不要去加班賺錢，讓孩子吃好、穿好，以為這才是愛他；孩子要的其實是父母的陪伴與關心，有道是「酒肉穿腸過」，心靈的安全感才是他終身的支柱。

有一句英諺說：「成功是得到你想要的東西，快樂是接受你得到的東西。」孩子是上天的福賜，請接受你的孩子，不要每天挑他的毛病，他的一切來自你，你的態度會塑造成最後的他，請珍惜上天給你的禮物。

自序二

腳踏實地，讓教育的收成更美好

——Bubu 蔡穎卿

認識洪蘭老師轉眼過了八年，這八年中，我的兩個女兒也分別結束學業開始就業。孩子們以成人的姿態進入社會的過程與其中的苦樂，更印證了我先前對教育的了解：父母的責任不是幫助進入某一所名牌大學，文憑上的校名戳記也無法代表知識；一個孩子算不算真正獨立，終將要用自己的行為來證明，他的快樂也一樣要從自己經營的生活中去收集。

獨立與快樂都是金錢買不到的禮物，但我認為，有心的父母與師長都可以幫助孩子用比較快樂的心情完成獨立，這本書就是醞釀於這樣的希望並慢慢化為文字的。但在此之前，洪蘭老師已經在台灣這塊土地與南洋一帶華人的教育園地辛苦耕耘了好久、好久，用演講與專欄文字到處播撒希望的種子。

記得美國「芝麻街」那些可愛布偶的創造者吉姆．韓森（Jim Henson）曾說：「孩子面對這個世界的感覺就是脆弱感與驚奇感。」我想，用適當的教導使孩子克服脆弱感以面對生活中的各種障礙，就是幫助他們獨立的方法；而允許孩子保留住對這個世界的驚奇感，就是快樂的贈與。可惜的是，我們看到很多孩子充滿依賴卻不夠快樂。所以，身為親師的我們，的確還有很多工作等待著進行。

我觀察父母在養育孩子的過程中經常有幾種情緒，例如：傷心、憤怒、失望、慚愧和憂慮。因為自己是過來人，當然了解這些情緒的出現是多麼正常；不過，也因為是過來人，更知道其中有很多是過度的反應。真希望所有年輕的朋友能借鏡於我們曾有的過失，千萬不要浪費任何可以給孩子的時間、能為孩子善盡的力量。

大量情緒並不等同於關心，成人如何在彼此的提醒下採取正確的行動，就是我在這本書提問時的立意。比如說，在情感方面，「憂慮」當然是每一個階段的父母都有的心情負擔，但如果父母憂慮三、五歲孩子的表現不如他人，因而覺得傷心、失望或慚愧，那就是極不正確的感覺。此時的孩子才等待著被引導，父母如果已經傷心以對，那等於定下評價，也不會再給予正確的教導了。又比如說，現今父母流行帶孩子去診斷行為，我所接觸的孩子就有不少是小小年紀已被當成「過動」或「類……症」，甚至也有不少已經開始服藥。看到父母親為此憂慮真是讓人好難過，但我心中同時思及，如果一個孩子應該以「紀律」被調教之前，就被貼上「過動」的標籤，這對他們是不是最大的不公平？父母曾對此影響仔細思考嗎？

所以，在這本書中，我向洪蘭老師所提的二十七個問題，大致都有兩種心情：

一是知道老師對各個家庭條件都有體恤，因此能提供大家可以寬心、但同時盡力的方向；二是老師不只是資深的教師、母親，更經歷劃時代親子教養價值的改變，對於教養方法的去存與修正可以提供溫暖的建議。再加上老師的專業研究並善於分析事理，這些回答就更具客觀與友善的意義。

「父母」與「老師」是這本書假設的兩大討論對象。因為，如果以時間的眼光來看，親子或親師並不是經驗施與受的強弱相對者，而是生命成長線的前後經歷者，所以，親師生三者的關係探討，是耕耘與收穫的大哉問，這本書，也是為了想要有更好的教育收成而提的耕耘之問。

說到耕耘與收穫，大家都會想起胡適先生自壽詩中的名句——「從今後，要怎麼收穫先那麼栽。」但對我來說，更深刻的同感是因為教育家杜威博士的一段話：「教育者和農人一樣，有某些事得做，有某些資源可用，有某些障礙要克服。……利用各種不同的條件，使自己的行動和這些條件的能量合力作用，不要彼此衝突，就是農人的目標。」如果台灣親師這兩大對教育共同負責並擁有同等熱情的心靈農者，盡快同意彼此有相同的目標，了解我們都想得到一樣的豐收，我們討論耕耘的方法時就不會自私自利，也不會交相指責或規避責任。我相信這些改變將不只帶來收成的美果，教育的園圃之樂也因此得以代代相傳。

洪蘭老師的孩子與我的孩子都受過很長一段時間的西方教育，但我們很少提起其中特別美好的條件，比如說校園設備、師生比的細緻度。那是因為我們都了解，教育因人因地各有不同的條件，只求理想化或硬要拿某一國、某一校的理想方式或教材來套用，不但無法成功還可能忽略原本可做的改善。這又如杜威所講的：「假如農人根本不考慮土壤、氣候、作物生長特性等條件，就逕自定出農事的目標，就太荒謬了！農人的目標應該是前瞻他自己的力量與周遭條件的力量聯合帶來的後果，用這個前瞻來引導每一天的行動。」這也就是我對教育「腳踏實地」的了解。

我不喜歡分別去談體制內與體制外教育的優劣，因為並不是每一對父母都能自由選擇孩子受教育的體制，過度討論只會帶來更大的憂傷，讓人覺得於心不忍。但無論體制內外、台灣或西方，只要是緣於人心的改變、關懷的加深與方法的求進就能引起的好影響，我們何不都估量自己土地的條件、權衡可以試作的方法，腳踏著實地慢慢往前，讓那些飛來的啟思種子因此而能花開滿園。

「蓬生麻中，不扶而直。」每一位家長與老師都很重要，立於學習優勢位置的人也不應對條件較差的受教育者失去同情心，我們得不斷自我提醒，教育是一項絕不能虛耗情感、時間與金錢的工作，所有的教養結果大家終將一起承受，家庭與家庭無法彼此炫耀。因此，讓我們一起協力，做好自己的分內之事，把孩子都扶正。

把孩子當寶貝是為人父母最正常的情感，
但如果愛的立意沒有錯，方式卻不正確，
孩子可能因此養成錯誤的價值觀。
請不要用容忍或利誘的方法愛孩子，
不要剝奪他們原本可以被校正的行為與關懷他人的能力，
因為生活中的小事正在醞釀他們了解這個世界的觀點。
如果我們能把教育放在一致的價值觀上思考細節、掌握原則，
「期待」與「不捨」就不會自相矛盾，
「愛」對於孩子的滋潤才會真正寬廣。

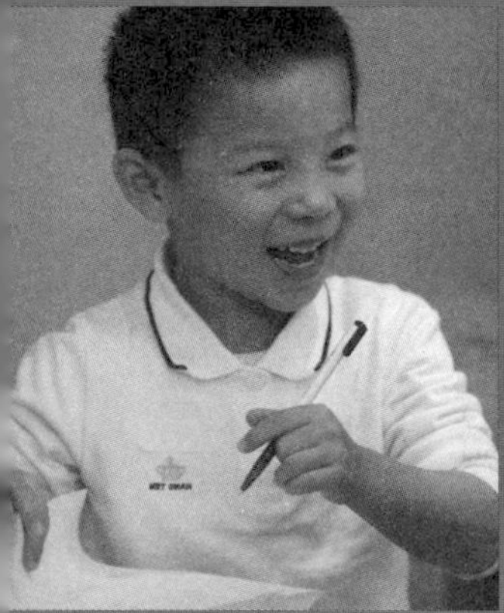

第一部

用對的方式愛孩子

不要因為愛孩子，就讓世界繞著他們轉

孩子的自我中心是如何形成的？

Bubu老師

父母想要家庭有好的氣氛與互助的情懷，
一定要讓孩子謹守分際地只獲得應得的保護、關心與物質，
也要維持不同輩分應對進退的禮貌。
因為一走出家庭這個小世界，
自我中心的孩子生活起來只會感到不被關注、不受捧，
絕不會擁有父母想給的快樂與輕鬆。

洪蘭老師

現在孩子很多自我中心的行為，
實在是因為在家父母不管、在學校老師不敢管所造成的。
孩子需要父母的保護、父母的愛，
但同樣的，父母也需要孩子的尊敬、孩子的孝順。
愛是雙向道，不是單行道，
單向的愛叫溺愛，不叫無條件的愛。

請問
洪蘭老師

習慣於擁有不應得的資源，將養成不正確的價值觀

記得幾年前，一位年輕朋友問過我一個問題。她說自己男友的哥哥要去美國留學時，因為學費不足，父親賣掉房子籌錢讓他出國，他拿到學位後，在美國成家立業又置產，父親很高興，覺得苦心終有代價，退休後決定赴美與孩子團聚。沒想到孩子向父親提出，如果他真要來美國同住就得付房租，老父親當然很傷心，這位年輕朋友問我，這樣的教育到底是在哪裡出了問題。

我說，他父親的錯，就錯在當時不該把全家所有的資源都給了這個孩子。一個成年孩子能不管父母生活上的負擔，只想到自己的發展，就已能看到他的自私，後來要向父母收房租的行為，也不過是這種價值更扭曲的表現而已。

在我周遭也有類似的例子。一個長我兩歲的女孩台大畢業後要去美國留學，因為家境不好，單身的姑姑心裡很高興這女孩會念書，於是把自己的退休金借給姪女，幫助她完成留學的美夢。當時的匯率是四十元台幣換一塊美金，二十年過去，這女孩在美國完成學位，工作也有很好的發展，而姑姑年紀大了，需要錢養老，雖然錢是還了，但這個女孩不只無息借用長輩的錢，並堅持要以當時所得的美金數還款，用二十六元的匯率換成台幣還給姑姑。這筆帳以她工程師精算的眼光來看覺得理所當然，卻讓所有照顧過她的親戚朋友都很感嘆。

自私的孩子不會只對親戚無義，一樣對自己的母親無情。當她的兩個孩子還小、需要有人在家照顧時，她甜言蜜語地說服母親提前從任教的小學退休，離家到語言不通、人生地不熟的美國去幫她當了六年的保母。自己的母親不只照看孩子是免費，比保母值得信任，還帶著退休金去補貼生活雜支。一等孩子長大、可以上學了，她覺得母親日漸年老，萬一在美國病起來，醫療費用可不得了，還是台灣有健保方便，於是又立刻把母親送回跟弟弟同住。

單獨討論這些事情，說起來好像一一都讓人感到意外，但仔細探究起來卻不難發現，這些孩子其實都曾經擁有本來不可能擁有的資源或機會。如果他們當時也受了心懷感謝的教導，結果可能會不一樣，但父母又往往認為，一個比較聰明或能幹的孩子如果自私一點，也是情有可原，慢慢地就培養出孩子更自我中心的性格，對資源的分配沒有同理心，養成不正確的價值觀。這種價值觀出錯了，最可同情的，往往是給予機會的親人，所以，父母應該在基礎教育上就有所警惕，不要忽略小事所反映的價值或態度，以免有一天反受其害。

把孩子當寶貝是為人父母最正常的情感，但如果愛的立意沒有錯，方式卻不正確，孩子是否會因此養成凡事都要以他們為中心的態度？洪蘭老師認為這是否源起於家庭呢？父母應該從小注意這種性格的發展嗎？

過度餵養的愛，剝奪了孩子關懷他人的能力

帶小朋友的時候，我常會聽到孩子們脫口就說：「我不喜歡……我不要……」所以我經常想，該如何讓他們了解，不要把自己的喜好與要求放得如此之大。

記得有一次，我們正做著要帶回家的點心，有個孩子跟我反應她不喜歡其中的哪些材料，我跟她說，這是給爸爸媽媽吃的，不要擔心自己喜不喜歡吃，但孩子卻回答：「可是，爸爸媽媽會說，我是他們的寶貝，他們一定會先給我吃，如果我不喜歡這些東西，怎麼辦？」我也聽過才上小學的孩子對父母說話時，會用「你不可以……你頭腦有問題啊！……」這麼不禮貌的言語，而父母竟能習以為常，這讓我感到十分困惑。

真想跟天下正在養育孩子的年輕父母說，不要用容忍的方法愛你們的孩子，不要剝奪他們原本可以關懷他人的能力，不要忽略生活中的許多小事正在醞釀他們了

解這個世界的觀點。法國散文家蒙田曾說過一句很好的話：「兒童猶如我們的胃，不用過度餵養。」我想他指的是，無論食物或愛都一樣，不可過度。

洪蘭老師覺得父母需要不斷以服務和金錢，來向孩子宣示自己愛他們的程度有多深嗎？如今培養孩子關懷他人的能力已是困難的教育，是否更應該藉著生活的實務來做為教導與訓練？

我們這一代人，看到長輩站著，就不敢大剌剌地坐下；看到父母動手，絕不敢無所事事地受服務。但過了一代之後，孩子坐著看電視等父母給飯吃的情況已經非常普遍，這應該怪罪社會風氣改變，還是要回歸探討每個家庭的基本教育與要求？

如果父母想要家庭有好的氣氛與互助的情懷，我認為一定要讓孩子從小謹守分際地**只得到應得**的保護、關心與物質，也要維持不同輩分應對進退該有的禮貌，絕不可因為愛他們，就讓世界繞著他們轉。因為一走出家庭這個小世界，自我中心的孩子生活起來只會感到不被關注、不受捧，絕不會擁有父母想給的快樂與輕鬆。

我記得洪蘭老師曾在演講中說起一個很會念書、做研究的學生，但同學都討厭他。讓我印象很深刻的是，別人買的潛艇堡他可以問都不問就吃掉，可以請老師說說這個故事嗎？似乎與父母特別寵愛有關係。

給Bubu的回應

任性不是個性，自私不是自信

Bubu老師所說的自我中心，其實就是自私自利，凡事只替自己想，不管他人死活。當這種行為出現時，我很驚訝的是居然有父母不但不回頭檢討自己帶孩子的方式，反而替孩子解釋說：「我的孩子個性就是如此，他很優秀，所以太自信了，覺得自己什麼都對。你以為他是自私，其實不是。」這是錯的，任性不是個性，自私不是自信。擔任聯合國親善大使的奧黛麗．赫本說得好：「若要姿態優美，走路時要記得行人不是只有你一個。」

現在的家庭孩子生的少，每個都是父母的寶，有時看到父母服侍孩子的模樣，常會不自覺地想起《紅樓夢》中說到賈寶玉「含在嘴裡怕化了，捧在手裡怕摔了」。加上現在遴選學校校長時，家長會有一票，使得很多校長不敢得罪家長，校長沒肩膀，更讓老師覺得管別人孩子是吃力不討好的工作，管多了家長會不依，還會氣沖沖來學校興師問罪。

前陣子，有個家長為了營養午餐鹹了點，一狀告到教育局，要校長道歉。其實煮菜的不是校長，他只有監督的責任，我們自己煮菜偶爾也會多放了點鹽，這並不是什麼大不了的事，非得要告到教育局讓校長道歉，不道歉就要校長下台嗎？父母這種做法其實是最壞的榜樣，因為我們對看不起的人是不會聽他話的，孩子不尊敬校長、老師，學校對他就沒有影響力了。現在孩子很多自我中心的行為，實在是因為在家父母不管、在學校老師不敢管所造成的。以前的孩子還會怕警察、怕教官，現在連軍中的士官長都不怕了，真不知道以後教育該怎麼辦？

放任孩子的自私，親子都會嚐到苦頭

現在的孩子沒有關懷別人的能力，這是很嚴重的問題。有一次，我朋友的孩子來我家作客，吃飯時，他把喜歡吃的那道菜直接端到自己面前，一個人吃光光，完全不管桌上還有其他人。我很客氣地跟他說：「祥祥，你要不要試試阿姨其他的拿手菜？」他母親搶著回答：「他吃東西很挑嘴，好多東西不吃呢，他今天吃你這道菜是很給你面子了。」我很驚訝朋友居然這樣寵孩子，一點不覺得他這個行為是不對的。我望了望桌上的其他人，大家臉上的表情都不以為然，可是沒有人吭聲，因為打狗看主人，主人不說話，別人還能說什麼？可想而知，我以後不會請他來作客，這種自私的習慣一旦養成，孩子將來到社會上，也得不到朋友的幫助。

我也曾在親戚家看過母親在拖地，兒女在看電視，當拖把拖到兒女面前時，他們就把腳抬高，讓拖把從腿下過去，身子動也不動，更別說站起來、接過拖把說：「媽，您歇著，我來弄吧。」我比他們輩分高，看不過去發話時，兄妹兩人對看一眼，異口同聲說：「媽媽每天上班，沒有時間運動，這是她每週的運動時間。」原來這令人訝異的不孝行為，竟是母親自己慣出來的，我只能嘆著氣趕快離開，眼不見為淨。十年過後，現在她嚐到苦頭了，兒女成家後都搬回來住，生了孩子也都丟給她帶，她只好提早退休，在家做台傭。她每次抱怨勞碌命時，我都要很努力地控制自己，不要把「你自找的」說出來。

單向的愛叫溺愛，不叫無條件的愛

最近在報上看到一件更驚人的事，一個媽媽說她國二的兒子回家，一手拿著香雞排、一手拿著珍珠奶茶，她勸說：「馬上就要吃晚飯了，你吃了這些，飯會吃不下。」（本來飯前就不該吃零食的，不是嗎？）想不到她兒子竟回嘴：「在吃狗屎之前，總可以讓我先享受一下美味吧！」孩子如此無禮地出言不遜，這母親居然沒生氣，她說她只能摸摸鼻子，自己走開，因為孩子這種態度她已經習以為常了。我看了幾乎跳起來，怎麼有父母放任孩子到這種地步？從小時候開始，孩子如果不每天好好管教，罵父母三字經也只能說是她自作自受了。

至於Bubu老師提到的那個學生，這孩子的父親是醫生、母親是藥劑師，家境富裕，又是獨子，因為父母太過寵愛，於是養成「凡是眼睛看到的都是他的，凡是他想要的也是他的」這樣的觀念。因為他自私自利、唯我獨尊的態度，在實驗室跟別人相處得很不好，例如別人買的潛艇堡他可以問都不問就吃掉。他雖然功課很好，但人緣不好，別人不願與他共事，這也阻礙了他日後事業的發展。在科技整合的時代，大家都不敢找不易相處的人做夥伴，因此他拿到學位後，一直做博士後研究員，找不到長期性的工作。

所以，孩子從小就一定要養好習慣，一個對父母不孝、不感恩的人，他對國家會忠、對朋友會信、對社會會有愛嗎？說嚴重點，這些父母對不起國家和社會，因為他們教出來的孩子國家不能用，浪費國家的資源，還反而造成社會負擔。

孩子需要父母的保護、父母的愛，但同樣的，父母也需要孩子的尊敬、孩子的孝順。愛是雙向道，不是單行道，單向的愛叫溺愛，不叫無條件的愛。

「你有什麼，他就有什麼」，並不是真正的公平

如何處理手足之間的「公平」問題？

Bubu老師

父母對於「公平」的想法，
往往只是單純地顧及物質上的均有、或讚美是否一樣多，
卻沒有想過，如果用不對的方法處理，
孩子小的時候所計較的小物件、小經歷，
很快就會隨著成長而變成其他挾愛的要脅，
偏差行為的規模也將大到讓父母極為傷神痛苦。

洪蘭老師

一旦孩子覺得父母偏心，你做什麼他都有另外的解釋，
這時倒不如把孩子叫過來，
利用這個機會教育他們分享的觀念。
父母也可以盡量讓大的孩子去照顧小的孩子，
讓他們能夠相扶相持，培養親密的感情，
而不是用表面的物資平等來分化手足的關係。

請問
洪蘭老師

家庭資源的共享觀念，要早一點為孩子建立

洪蘭老師雖然只生養一個孩子，但您成長的家庭中有好多姐妹，關於父母對待孩子的心情、或處理物質的方式，一定能給家長建議。現代父母耗費許多精力在處理手足的「公平」問題，也因為公平的想法浪費了許多家庭資源。

我的原生家庭有四個孩子，我是老么，從小母親就說，她不擔心我們手足相爭，只擔心我們的感情太好，一起瞞著他們調皮搗蛋。記得小時候兩個哥哥也會爭吵打架，但我們無論怎麼爭吵，每天在父母親回家前一定會和好，不像現在的孩子總把跟父母相處的時間用來投訴手足的爭執、或是抱怨父母不公平。

童年的經驗使我在養育兩個女兒時，也從不以「宣示公平」做為對待她們的原則。我很清楚自己愛她們的心情絕對是公平的，但這種公平卻無法以「妳有什麼，她就有什麼」來表達。一個家庭的資源都是共有的，全家人都要學習為整個家庭著想，所以絕不可能讓孩子以物質分配做為標準，來檢查父母公不公平。

我的小女兒一直都很樂意穿姐姐的舊衣服，大女兒也為了要讓妹妹接手而小心愛護自己的衣物；到了倆人都不能穿時，我們就再把小心穿戴而狀況依然很好的衣物轉給不嫌棄的親友或鄰居，我用這些小事教導她們惜物愛人的意義。記得高中那年，妹妹已經長得比姐姐高了，穿起姐姐的褲子是有點短，但妹妹說沒關係，剪掉一截就變成七分褲，還是很好看。

家人共享物質、彼此體諒，雖是很自然的事，但現在每有機會與讀者分享教養經驗，我卻最常被問到有關「公平」的問題，比如說：

「昨天我帶兩個孩子去文具店，他們同時看上一樣東西，但店裡只有一個，兩兄弟卻不肯相讓。面對這種問題，我很心煩，卻不知該怎麼處理。」

我要這位母親先問自己兩個問題：

家裡有需要這個東西嗎？如果需要，需要兩個嗎？

如果答案是否定的，那處理的方式就是不用買或只買一個，絕對不必為了表面的公平而買兩個。

不要因為價錢不高的小東西或玩具、零食，就覺得非要表現公平不可。孩子從小對公平有不正確的認識，一定會延伸成更重大的問題。我也聽過有位母親同時購買兩套二十幾萬的教材給上幼稚園的女兒，並交代老師不可以讓姐姐去碰妹妹那一套，那位母親覺得自己非常公平，沒有虧待哪一個孩子。

別讓孩子打著「你不公平」的旗號，來磨難父母

新一代的父母所著重的公平對待，如今已產生後果了，這些擔憂應該被引為借鏡，不要重蹈覆轍。孩子在物質平等的對待後養成了計較的性格，有些甚至打著「你不公平」的旗號來磨難自己的父母，這樣對親子雙方都沒有幫助。我不認為孩子真的這麼難教，是父母自願放棄了重要的機會，以致帶來不斷加深的麻煩。

我想說說自己的經驗。上個星期帶完一班四～六歲的小朋友，下課前給孩子們做了棒棒糖，每個人可以帶兩枝回家。有位媽媽接了孩子之後，一隻手拿著女兒分到的兩枝棒棒糖，另一手牽著三歲左右的弟弟來找我，她問我：「Bubu老師，還有多的棒棒糖嗎？」

我抬頭一看遠處，知道工作台上還有幾枝，原本想直接說：「有，弟弟想要是嗎？」但話還未出口，先聽到媽媽接著就說：「弟弟很想吃，可是姐姐不肯給他。Bubu老師可以再給我一枝嗎？」

我立刻蹲下跟小女孩說：「妳有的東西都是要跟家人一起吃的，現在妳自己拿一枝糖分給弟弟。」孩子聽了我的話之後，沒有任何遲疑就去接媽媽幫她拿著的兩枝糖，然後遞出一枝給弟弟。現在，換弟弟不肯了，他要姐姐手上的那一枝，所以

我又轉頭去跟弟弟說：「不可以的！姐姐很好，分你一枝，她給你哪一枝，你就拿那一枝，然後跟姐姐說謝謝。」弟弟雖然很小，但聽完之後也乖乖照著做了。

回家後，我一直想著那幾分鐘之間發生的事，以及父母面對類似的問題時，是否採行了正確的解決方式。

為什麼父母總是偏向微不足道的表象公平？是因為他們無法預知這種處理將會導致層層漸進的深遠影響，還是父母誤解了公平正確的涵義？家庭中的父母與學校中的老師，面對分配資源與關心的處境都是一樣困難的，如果考慮表象與實質的兩面，洪蘭老師會建議大家該怎麼做？

不能正確地處理公平，甚至會助長偏差行為的規模

父母對於公平的想法，往往只是單純地顧及物質上的「均有」，或「讚美」是否一樣多，卻沒有想過，如果用不對的方法處理、或是沒有勇氣面對孩子的抱怨，孩子小時候所計較的小物件、小經歷，很快就會隨著成長而變成其他挾愛的要脅，偏差行為的規模將大到讓父母極為傷神痛苦。

我遇過兩個家庭，一個是在搬家時，孩子要父母用尺仔細丈量，確定他們手足

的房間一定要「一樣大」；另一個是家中有土地與人合建，手足雖然各得到一筆豐厚的地產，但因為弟弟分得的其中一個店面比哥哥少了〇．七五坪，所以弟弟每隔幾日就打電話去咒罵父母。我不禁想，親子之間不是只有權益、物質的贈予而已，隨著父母年齡增加，當照顧與關懷的責任要由手足分擔時，那些斤斤計較的孩子又會如何思考公平的意義。

前陣子，我在停車場的繳費機前等待了很久，只因為一個爸爸讓他的孩子代替他去投停車幣，引起另一個孩子大鬧「不公平」。父親起先是生氣的，但氣過之後還是不能堅持自己的原則，所以，他把那個發怨言的孩子抱起來，再去摸一下投幣機「以示公平」。那孩子摸完從父親的懷中溜下後，惡狠狠地瞪了姐姐一眼，沒有一點六、七歲孩子應有的天真可愛。

當我不斷看到現代父母是如何處理孩子的公平問題時，很想對他們說——不要用物質與稱讚對孩子宣示：「我愛你們一樣多，請別挑剔我。」因為那不是真正的公平。對於當一個公平的父母，洪蘭老師又有什麼建議？

給Bubu的回應

公平在乎的是實質的平等，不是物資上的假象

自古以來，「公平」一直是導致人心向背最主要的原因，統治者若能做到這一點，老百姓萬里來歸。做父母的也是，青春期的孩子會叛逆，有一個原因即是「父母偏心、不公平」，孩子覺得父母不喜歡他，只喜歡哥哥或弟弟，於是會去做壞事以引起父母注意。父母如果不能理解他故意破壞行為背後的原因，反而罵他是壞孩子，說你為什麼不能像哥哥或弟弟一樣時，孩子會變本加厲，越責罵越糟糕，最後自暴自棄，走上不歸路。

我曾看過一個長得非常可愛的女孩，用裝病的方式來引起父母注意。她原是家中的獨生女，家境富裕，三千寵愛在一身，後來她母親意外懷孕，生了個弟弟，大家的注意力轉移到弟弟身上，她發現只有生病時，母親才會來關心她，於是就開始裝病。病裝久了，假病成真，人懨懨無生氣，也變得不好看了。

另一個孩子更可憐，他因為弟弟功課好，常被家人拿來比，罵他不長進，他於是在弟弟要考基本學力測驗時，把安眠藥放在弟弟的水壺中，讓他想睡沒考好，闖下大禍。

公平不是檯面上大家以為的「你有我也有」，還要考慮很多其他的因素。比如說，很多老師以為，如果兩個學生都做錯了事，那麼各打五大板叫做公平，卻忘了去思考一下犯罪行為背後的原因，以及刑罰的適當性。背後的原因最重要，一個是故意、另一個是過失，處罰的程度自然要有所不同。尤其是男女對於公開丟臉的感受各有差別，五大板對頑皮的男生來說可能不在意，對臉皮薄的女生而言，可能一星期都不敢抬起頭來見人。

公平在乎的是實質的平等，不是物資上的假象。像是Bubu老師所說的例子，玩具買一模一樣就是十分錯誤的示範。至於連房間都要拿尺量到一模一樣大，更是令我吃驚，如果兄弟倆計較到這個地步，請問出了社會以後，他們還能兄友弟敬、互相幫忙嗎？他們還能血濃於水，有著我有飯吃、你至少也有稀飯吃的想法嗎？

父母都以為，兩人有了一模一樣的玩具就不會吵架了，殊不知人是愛比較的，我們觀察到兄弟倆先是會各自拿著玩具到角落去玩，但是過一會兒，一個就會站起來走過去，把另一個手上的玩具搶過來，仔細比較一下，確定父母沒有偏心把好的給了哥哥（或弟弟），這是人性。

教導孩子彼此照顧分享，培養親密的手足之情

一旦孩子覺得父母偏心，你做什麼他都有另外的解釋，這時倒不如把孩子叫過來，利用這個機會教育他們分享的觀念，告訴他們「兄弟同心，其利斷金」。兄弟姐妹吵架是一定會的，讓他們自己去找出共玩的方法，自己訂出來的規則，他們就會遵守；不遵守規則時，他們也會知道自己的不對，對兄姐的禮讓會感心，兄姐也不會像被逼著去學孔融讓梨，反而把弟妹當作眼中釘去之而後快。

外國的父母一般不介入孩子的爭吵，他們覺得越介入越糟糕。加州大學有個教授說得好，家人吵架這種事，外人最好不要介入，因為清官難斷家務事。尤其是夫妻爭執，外人更不能插手，他們床頭吵架床尾和，外人若是不明就裡、介入調解，結果你還在生氣，他那邊已經和好了，真的變成豬八戒照鏡子，裡外不是人。

父母平常可以盡量讓大的孩子去照顧小的孩子，把一部分責任放在他們肩上。例如叫大的帶小的去上學，被人欺負時，要大的保護小的，培養他們親密的感情，一旦有外力介入，孩子們很自然會一致對外、同仇敵愾，而不是用表面的物資平等來分化手足的感情。我們小時候多半要揹弟妹、照顧他們起居，因為母親只有兩隻手，忙不過來，很奇怪的是，長大後我們這些一起吃過苦的姐妹感情反而特別好。

注重表面的公平，只會讓手足互相計較與監視

曾有一個朋友的姐姐要換腎，她毫不猶疑割給她；另一個朋友的哥哥有血癌，要骨髓移植，他卻不肯捐，我們跟他說骨髓會再長出來，他也不肯，這跟他們從小一起長大的狀況很有關係。一個說：「我小時候都是大姐在帶，現在她有病，我給她一個腎算什麼？我還情願替她病呢！」另一個則說：「哥小時候專門欺負我，我不知吃過他多少暗虧，他曾經把我推下水溝，說我死了就沒有人跟他競爭了，我能活到今天是奇蹟，我幹嘛要去幫他？抽骨髓的針那麼大，我為什麼要為他去受罪？我跟你打賭，換成我要他捐骨髓，他一定也不肯。」

他的話聽了令人寒心，兄弟會弄成這樣形同陌路，跟他們小時候父母只注重表面的公平，連吃牛排都要切得一樣大有關，他們長大後沒有培養出手足之情，只有天天互相監視，看爸媽有沒有對另一個人好一點。所以，父母不要注重表面的公平，反而要一直教育孩子手足的重要性。俗語說，同船共渡是五百年的緣分，更何況生在同一個家庭做手足？我很感謝父母給了我五個姐妹，讓我們在人生的路上相扶相持。

至於父母為何願意犧牲對孩子應有的情感教育，而偏向微不足道的表象公平？

有一個可能是現在的網路發達，許多話不論真假，一上網天下盡知，有的父母怕別人講閒話，尤其是來自大家庭的人，便要在表面上做到完全公平。假如家境富有，又有好幾房妻妾、眾多同父不同母的兄弟姐妹時，這種表面上的公平就更重要了。

對於家中資源的分配，我認為應該從小教孩子林則徐說的這句話：「子孫若如我，留錢做什麼？賢而多財，則損其志。子孫不如我，留錢做什麼？愚而多財，益增其過。」我父母常告誡我們：「好男不吃分家飯，好女不著嫁時衣。」孩子應該要有憑自己力量打天下的志氣。

有人在卻沒有人帶，就不算盡到照顧的責任

如何把時間留給孩子，給予需要的陪伴？

Bubu老師

孩子需要比他們成熟的人給予真心的回饋，
就算時間不能夠很長，
只要是他重視的人所給的關懷，對他們就很受用。
透過觀察而了解孩子的父母，並不是因為擁有大量的時間，
而是真心的關懷促使他們在有時間的時候，
能擺下自己的事，建立樂於與孩子相處的氣氛。

洪蘭老師

一個好的母親懂得讓孩子來幫忙自己做家事，
同時利用這個時間教他生活的經驗和做人的道理，
這樣事情做完了，孩子也教到了。
父母若是都用手機跟孩子溝通，而不是面對面跟他說話，
孩子自然對父母不會有深厚的感情，
父母變成提供他衣食的工具，跟提款機沒什麼兩樣了。

請問
洪蘭老師

「父母無須十全十美，但須盡心盡力。」

照顧孩子需要時間，如果資源相近的家庭擁有不同的生活品質，多半都是因為父母之間能密切配合、有效分工，所以孩子得到的就是父母善用工餘時間的好處。雙薪家庭的成員能彼此體諒、分工合作，無比重要。

許多投身工作的母親，心中常常對孩子懷有歉意，就像我的母親或我自己。但是，在我們的年代，社會人際關係都還很單純，網路與電視也還沒有對生活產生重大的影響，所以，孩子看到的母親，如果不是忙於工作、就是忙於生活雜務，很少是一群父母自己相聚卻擺著孩子不管，只用電視、速食或遊戲打發他們。

有幾次，我與自己的母親在閒聊時回想教養孩子的過程，雖然各自覺得有很多地方做得不夠好，但是心中並沒有慚愧的感覺。我同意這句話：「父母無須十全十美，但須盡心盡力。」我感謝母親對我的竭盡所能，相信我的兩個女兒也感受到我努力兼顧生活與工作的決心。

在網路上「曬親情」，真是孩子需要的關愛嗎？

這十幾年來，教養孩子的觀念、方式與價值隨著科技的發展而迅速改變。各種活動大量增加、社群連結不斷擴大，當人們透過部落格、推特、臉書與LINE享受著訊息分享速度越來越快的驚喜、以及其中可能創造的機會時，也同時為此而付上不知節制的代價。許多人像上癮一樣急著展示自己當刻的生活，我正在做什麼、吃什麼、在哪一國渡假！我也看過年輕人在餐廳不顧一餐平衡地點一桌菜，擺完姿態拍完照片後才發現，怎麼也無法把所點的菜吃完，浪費的行為讓人無法想像。

現在的網路像一個舞台，人們為了展現畫面或尋找機會，而不顧能力地經營片刻生活。但網路影響的絕不只是食衣住行的炫耀行為，我看到網路也剝奪掉很多父母應該用來照顧孩子的時間。網路的發展甚至讓很多父母覺得，這是跟子女溝通最好的方式，既能符合資訊時代的趨勢，又能有某些監控性，但他們不知自己為此付上多大的代價，也不知道這將改變孩子將來與伴侶相處的方式。

有一次，我的女兒跟我說，她經常在捷運上看到，一些媽媽們寧願看自己貼在網路上的孩子照片，也不願意轉頭去看看就坐在身邊的孩子。我在路上也看過孩子跌倒時，父母親不是去看看他們有沒有受傷，而是先拿出手機拍照。「曬恩愛」不只是現今情侶炫耀甜蜜的描述，在網路上「曬親情」，也是許多父母照顧孩子的方式。外出用餐時常常會看到這樣的情景——上菜了，父母先拍一張料理的照片，接著再拍一張孩子擺姿勢跟美食的合照，然後父母開始滑動手機，忙著散播他們如何與孩子歡聚的情景，而實際上是，全家都沒有定下心來好好享受一餐。

記得有一次去演講，我提到洪蘭老師翻譯的《棉花糖女孩》，會後有位先生發言，他說自己的妹妹聽起來也像是一個年紀比較大的「棉花糖女孩」，整天都在臉書上貼兩個女兒的照片。他很懷疑，這樣的母親要用什麼時間來好好教養孩子，這又該怎麼辦？老師認為這些沉溺於科技中的父母，對孩子會產生什麼樣的影響？

身心的同時照顧，只要妥善安排就能事半功倍

孩子的成長需要身體與精神兩方面的滋養，雖然其中的細節樣樣都需要時間，但並非無法重疊，如果父母親能在自己的生活條件上做出對孩子最有利的判斷，就能達到事半功倍之效。比如說，童年的時候，母親總是一邊教我做家事，一邊跟我說書中的故事或家族的故事，再從這些故事裡很自然地引導我做人做事的道理，這是身體與精神同時的餵養。

等我當了母親之後，我也常常要利用孩子做功課的時間忙自己的工作，但是我會把工作移到跟孩子同在一起的空間去做。我不是監督，而是希望在各自努力的目標下，也能達到共同奮鬥的氣氛。當我們一起工作時，如果有人離開桌前去休息一下，也會體貼地想到要幫其他人把杯中的水添滿，默默地表達關懷。這些用來跟孩子相處的時間並沒有阻礙我完成自己的工作，但也同時達成我照顧孩子的任務。

有個小朋友曾經跟我抱怨，她的媽媽都不聽她唸書，因為媽媽說回家太累了。我看這個孩子不只是很喜歡朗讀，更需要大人的注意，所以建議媽媽睡前一定要聽她唸一、兩段書，但媽媽回答我：「我叫她唸給小妹妹聽啊！妹妹喜歡聽故事。」我相信小妹妹是一個很好的聽眾，而且姐姐唸書給妹妹聽也是最好的手足相處方式，但是小妹妹無法取代父母。因為孩子不是只需要一個聆聽的對象，還需要比他們成熟的人給予真心的回饋，就算這些時間不能夠很長，只要是他重視的人所給的關懷，對他們來說就很受用。所以，我看到帶著孩子在身邊卻不停滑動手機或只顧與人交談的父母，除非也給孩子一支手機去玩，否則孩子總是不安定的居多。如果有人在，卻沒有人帶，我們就不算盡到照顧的責任。

我記得洪蘭老師也很會利用時間同時給孩子身心兩方面的照顧，例如您唸《西遊記》給兒子聽，讓他幫你擦地板；或在他顯得情緒低落時，把他叫過來圍上披肩，一邊剪髮一邊與他聊天，為他解惑。許多長輩照顧家庭的方式使我覺得，能仔細透過觀察而了解孩子的父母，並不是因為擁有大量的時間，而是真心的關懷促使他們在有時間的時候，能擺下自己的事，建立樂於與孩子相處的氣氛。

洪蘭老師能針對今日忙碌的父母給予一些建議嗎？因為每當討論到「把時間留給孩子」這樣的題目時，就有一些母親會開始滿懷自責地想到該不該辭職的問題。

給Bubu的回應

父母花在孩子身上的時間，是一本萬利的投資

照顧孩子是很花時間的，它比上班辛苦，也不能馬上看到成效，因為帶孩子和做家事就像希臘神話中的西西弗斯，早上推石頭上山頂，晚上又滾下來，周而復始地做同一件事。家事是今天做了，明天又髒了；孩子也是今天交代了，明天又忘記了，難怪很多媽媽覺得帶孩子比上班累。但是，親子之愛是金不換的，父母花在孩子身上的時間，對孩子的未來而言是一本萬利的投資。

一個好的母親懂得讓孩子幫忙自己做家事，同時利用這個時間教他生活的經驗和做人的道理，這樣事情做完了，孩子也教到了。例如，以前的孩子放學回家都要幫忙餵豬、煮飯菜，在廚房裡洗菜時，母親就教我菜的種類，怎麼選、怎麼煮，所以我很早就知道芹菜是吃莖而不是吃葉子，我卻有同學一直到出國留學都不知道。

我很同意Bubu老師說的「父母無須十全十美，但須盡心盡力」，父母只要盡了力，便不必內疚。事實上，我父母那一輩的人常感嘆我們小時候沒有雞蛋牛奶可吃，所以都長得矮，不能去做空中小姐，但他們並沒有內疚，因為他們知道自己是盡了所有的力量來餵飽我們。其實，父母的心孩子是可以體會的，我母親總是說她愛啃骨頭，常挑雞頸子、魚頭吃，長大後我們才明瞭，一條魚十個人吃，等到我母親吃時，當然只剩魚骨了。母親把好的留給我們，吃我們剩下的，這使得我們都很孝順，因為我們知道父母是愛我們的，雖然在那個時代不流行把愛掛在嘴邊。

父母的愛，是沒有任何手機可以取代的

Bubu老師描述的全家上館子卻各自滑手機的情況，真是二十一世紀的奇景，相信每個人都看過，卻不知有多少人會像Bubu老師一樣站出來指正。好幾次我們

同學聚餐，我看到菜來了便要去拿，同學都大喊「等一下」，紛紛拿出手機來拍，後來大家同意，每道菜只給三十秒拍，不然就要開動，因為中國菜涼了就不好吃。其實，我一直不明白，拍那麼多菜餚相片要給誰看呢？我們小時候受的教育，是不要向匱乏的人炫耀你所有的，如果妹妹沒有去吃喜酒，我回來便不會向她描述喜宴的菜有多好吃，免得她心生遺憾，這是基本的同理心。為何現在吃到的人要傳相片讓沒吃到的人流口水呢？

父母若是都用手機跟孩子溝通，而不是面對面地跟他說話，孩子自然對父母不會有深厚的感情，父母變成提供他衣食的工具，跟銀行的提款機沒什麼兩樣了。現代的職業婦女蠟燭兩頭燒，的確是累，但不會比我母親那個時代更累，因為那時完全沒有機器代勞，一切用手做，光是洗一家十口的衣服就要兩個小時。我想差別是在於，我們願不願意犧牲自己的休息，去照顧孩子心靈的需求。我的母親是全家最晚睡覺的人，她等全家都睡了、貓狗都餵好了、門窗都關好了，才會安心去睡。母親教我說，責任盡了，才能安心，安心才能睡得穩，早上才有精神繼續做事。

父母的愛，是沒有任何手機可以取代的。

正當合理的處罰，孩子才會坦然接受

什麼樣的處罰，能讓孩子理解並修正錯誤？

Bubu老師

我們不該讓孩子以為罰則不用存在，
或施以處罰是一種罪惡。
讓孩子從共同的約定、必有的紀律、責任的完成，
來了解罰則存在的原因與處罰啓動的時間，
處罰才不會變成一種威脅，
學習的前進也不必仰賴粗糙的懲罰制度來產生刺激作用。

洪蘭老師

在學校或家庭的教育中，公平是第一要維持的原則。
第二是鼓勵比懲罰好，因為後者會 backfire，
不當懲罰帶來的後果比原來的錯誤行為還要糟糕百倍。
第三是想辦法讓孩子敬愛你，而不是敬畏你，
前者時效長且是無形的感動；
後者時效短，你一不在眼前，壞行為就會出現。

請問
洪蘭老師

對於體罰，大多數家長仍然抱持著矛盾的心情

有位媽媽問我，贊成老師處罰學生用連坐法嗎？她說國小兒子的社團老師會打人，一人犯錯，全班體罰。指導老師覺得孩子小，不打就不懂得用功，但她的孩子很不服氣別人做錯或不用功，自己卻得挨打。我問那位媽媽，為什麼不直接向老師表達家長反對體罰的想法，媽媽說，因為老師曾警告孩子不可以跟家長說，如果去反應反而讓孩子的立場為難——不過，媽媽也坦承還有一個原因是，這位老師的確把整個樂團的水準提升起來了。

我想請問洪蘭老師，您對家長這種矛盾的心情有什麼開導？

我看到家長至少有三難：

- 孩子的不服要處理，卻不知如何說明。
- 家長應該把老師對孩子的警告解讀為威脅嗎？如果是，家長該直接說明對老師的不諒解嗎？若不能指出老師的錯誤，家長又擔心孩子真的什麼都不說了。
- 當父母一方面反對體罰，另一方面卻還對體罰的效果有所肯定時，是否應該先自我反省，釐清其中的價值混淆？

這是個很好的例子，反映出今天教育現場中大多數家長所抱持的矛盾心情。簡言之就是：如果真能藉著打而得出好成績，那家長會保持沉默；但若是結果不好，事後可能就表達自己是反對體罰的。

我認為親師雙方應以此例為借鏡，了解以「不當的利誘」或「使用威脅」來達成學習目標，將導致更大的錯誤。另一個問題是：家長也該聽一聽擔任教學的老師說明為什麼明知家長是孩子的倚靠，卻要求他們回家不可說，這是教導孩子欺騙、還是威脅孩子？弄清這些問題，對親師之間的合作應該會很有意義，我相信孩子的人格會形塑於親師雙方無欺的身教中。

除了親師的管理約束，更應建立孩子彼此之間的坦然要求

從這個問題也想延伸請教洪蘭老師，現在的小朋友因為都比較受寵，對於自己的行為會影響他人的觀念是很淺薄的，但他們同時又是更需要以團體被照顧或進行教育的一代。所以，平常應該如何加強孩子的團隊意識？當一個孩子的行為本身不見得絕對有錯，但他的我行我素卻影響了團隊的任務時，鼓勵或處罰可能都無法理

想化了，為了維護團體利益，老師認為怎麼做最適當？

我在教小朋友的時候雖然不體罰，但因為經常看到孩子太小而不能了解自己的行為與團體利益之間的連結，所以，有時候我會給予一項「屬於全體的額外福利」，要他們一起努力爭取。比如說，他們很喜歡餅乾或棒棒糖，我就會為他們特別做，但先跟他們說明，這是因為遵守規矩而得的獎品，如果有人繼續爬高爬低、或奔跑拉扯，我就要取消成一半，再說不聽，就連一點都沒有了。

我以團體為單位，是同時想鼓勵那些在團體中守紀律、想得到福利的孩子能坦然地發聲，對不在乎的小朋友做出要求。因為目前孩子除了告狀與糾舉之外，似乎還不知道他們也可以要求其他小朋友一起維護團體的榮譽，就好像球場上得彼此合作才能進球得分是相同的道理，或像我們不隱忍在公共場所不守紀律的人一樣。

當我不停地聽到孩子透過「告狀」的方式來投訴其他小朋友的行為時，很擔心教師總是夾在告狀與申辯中，一次次去處理微不足道的小問題，因而浪費教學的時間。**如果能建立孩子彼此之間的坦然對話，紀律就不只是老師單方的要求，而是一種相處的默契，彼此福利相關、休戚與共。**我記得第一次跟孩子們說，如果下課前他們都不隨便爬欄杆，我們就會有額外的小點心，後來上課上到一半，有個小朋友又不自覺地摸上走道的隔牆，這時，另一個小朋友對他說：「某某某，請你下來好嗎？」而不是告訴我：「老師，誰又在爬欄杆了！」我也發現，小朋友比較在乎他們對彼此之間的看法，對師長的告誡反而麻木。

這個想法是從洪蘭老師演講中提到的「猴子合作吃香蕉」得來的靈感。如果連猴子對那些不怎麼餓或不想工作、分心的伙伴都能直接用行動來表達態度，孩子是否也應早早有這種概念？但我不知道自己這樣想是否正確？

孩子並非不能接受懲罰，但一定要說明為什麼

另一次處罰孩子的經驗，也很深刻地留在我心中。我發現，孩子並非不能接受懲罰，但一定要說明為什麼啟動罰則，親師也要了解他們受懲罰的感受。

那天我們上課的內容是孩子們為家長準備聖誕晚餐，也許是因為活動內容太讓人興奮，有幾個小朋友跟平常上課的表現完全不一樣，嬉鬧到不能好好完成工作。開始供餐前分派工作，我跟孩子們說，平常是上課，他們再不守規矩，我也要耐下心來一一完成課程，確定每一個人的工作機會是一樣的；但接下來的兩個小時，這裡是餐廳，而我是老闆，老闆跟老師不一樣的是，老闆總是要選擇能夠負責的人，而這一點我也在先前就跟他們說明了。接著我問大家，我是不是有權利選擇自己覺

得適合的員工，孩子們齊聲說：「是！」所以我就說出自己的考慮：「剛剛在工作中一直打打鬧鬧的小朋友，很抱歉，餐廳最怕服務客人的員工嘻嘻哈哈，所以，我就不選你們做外場的工作了，大家覺得這樣公平嗎？」我很意外，孩子們一個不漏，都大聲說了：「公平！」即使她們沒有被分派到最喜歡的工作，臉上也只露出了微微失望的表情，卻沒有人因而生氣或反對。

那晚，我在工作日記中寫了一點感想，我提到「嚴肅」兩個字經常被家長誤解為「呆板」，但《韋氏字典》中的幾個定義值得再思考——

不開玩笑，或不把事情視為微不足道

用心思考的

充滿興趣的

真希望孩子對「嚴肅」慢慢累積出正確的認識，也希望他們了解自己當天是因為不夠嚴肅而沒能成為我理想的工作伙伴，這樣他們也許就不會誤解處罰的意義。

一般談起「處罰」兩個字，都覺得好嚴厲，只用「該」或「不該」來討論它存在的意義。但現實是，成人也身處於充滿罰則的世界中，任何該付的款項不去繳都會有罰款、開車超速有罰單……罰與「責任未盡」、「逾越分際」、「破壞公約」緊緊相連，所以，我們不該讓孩子以為罰則可以不用存在，或施以處罰是一種罪惡。

真正不應該的是，在教育中以處罰為手段，錯亂了它的正當性，例如考不好就打、學不會就罵。但如果一個大學生在該來考試的當天卻在睡覺，因而根據先前約定的條件受到應有的處罰，這樣難道不對嗎？

讓孩子從共同的約定、必有的紀律、責任的完成來了解罰則存在的原因與處罰啟動的時間，處罰才不會變成一種威脅，學習的前進也不必仰賴粗糙的懲罰制度來產生刺激作用。

給Bubu的回應

連坐法是不公平的，人不應該為別人的行為負責

我很反對連坐法，因為人應該為自己的行為負責，不應該為別人的行為負責。我出國時，父親交代：一不作媒，二不作保。不作媒是因為婚姻是一輩子的事，媒做得不好，耽誤別人幸福；「保」這個字根本就是「呆人」，所以不能為人作保。

在美國，沒有連坐這種事，所有人都是為他自己的行為負責；回到台灣後，我就看到老師喜歡用全班的力量來制約某個人。當全班為了你而青蛙跳一百下或跑操場十圈時，在老師看不見的地方，全班都會去海扁你，使你再也不敢犯眾怒。因此連坐是有效的，但很不公平；在有效和公平之間，我選擇公平。

鼓勵孩子自己去解決問題，學習排解紛爭的技巧

告狀在美國的小學裡是不被同學接受的行為，小朋友不喜歡跟愛告狀的孩子一起玩。孩子很小就學會，他如果向老師告狀，可能得到一時的正義，但是以後沒有人願意跟他玩，因此，他會自己想辦法去找回公道。這個方法雖然不是很好（孩子會受委屈一陣子），卻訓練了孩子從小靠自己、不依賴別人來解決問題的態度。

但是在台灣，這個方法行不通，我們的孩子已經習慣了向老師父母告狀，若是老師對孩子之間爭執衝突的懲戒處置讓孩子覺得不滿意，他還會回家跟父母哭訴，雙方父母就會到學校演出全本「鐵公雞」（一齣從頭打到尾的京戲，非常好看），十分不妥。因此，我們應該鼓勵孩子自己去解決問題，當然在這之前，父母要先教導他什麼是恰當的處理之道。父母也要讓孩子知道，他必須學會排解糾紛的技巧，畢竟出社會以後，沒有老師和父母跟在後頭撐腰，這樣同時也杜絕了告狀的風氣。

教導孩子判斷事情的輕重，以適時向大人求助

打小報告或告狀在班上會被同學看不起，但是有的時候，老師必須要知道同學之間發生了什麼事情，馬上介入，以防止傷害擴大，也避免情緒滾雪球了之後，無法收拾。所以，老師要在一開學時教導學生：說實話、見義勇為，和告密、栽贓、陷害別人是兩回事。

孩子都很守信用，要他發誓不可講，他便不講，但是這要看事情的輕重，諾言重要，人命更重要。不講清楚，學生年幼分不出輕重，台灣才會連續發生同學溺水，其他人看到了不敢說、害怕處罰，相約發誓守密，跑回家蓋住棉被蒙頭大睡，過了六天都不敢說出來的事情。老師有必要教導孩子，什麼事可以替同學保密、什麼事一定要告訴大人，這個分際連很多大學生都搞不清楚。基本上，只要跟生命或安全性有關的任何事情，都得告訴大人，以免失去拯救的黃金時機；誰跟誰好這種兒女私情之事則可以保密。

現在有許多孩子很天真，壞人跟他說：你未滿十八歲，不罰；你是原住民，不罰，其實都是錯的。我個人很贊成國中生去監獄做志工，因為只有親身聽到厚重的鐵門在背後關上的聲音，才會知道自由的可貴。威脅的話沒有人愛聽，但是從實作

中得來的體驗和感動，卻會跟著孩子一輩子，這就是為什麼早早讓孩子去不同地方做志工、體驗不同的人生百態，對他將來前途的選擇會很有幫助。

父母誠心的陪伴，才能帶給孩子肯定與安全感

不論在學校或家庭中，公平是第一要維持的原則。第二是鼓勵比懲罰好，因為後者會backfire，不當懲罰帶來的後果比原來的錯誤行為還要糟糕百倍，很多青少年都是因為大人的不當懲罰而走上不歸路。第三是想辦法讓孩子敬愛你，而不是敬畏你，前者時效長且是無形的感動，後者時效短，你一不在眼前，壞行為就會出現。

從古到今，懲罰原則講得最好的是諸葛亮，他說：「賞不遺遠，罰不阿近，爵不可以無功取，刑不可以貴勢免。」老師和父母只要「善無微而不賞，惡無纖而不貶，庶事精練，物理其本，循名責實，虛偽不齒」，學生和孩子自然敬佩且服從你。但要孩子打從心中愛你，就要像比爾．蓋茲的父親，陪伴孩子。曾有人問比爾．蓋茲的父親是如何教養出這麼傑出的孩子，他說：「我也不知道，我只是陪伴他們，不錯過他們生活中的大小事。」（Show up, being there for them.）父母誠心的陪伴是孩子最大的精神鼓勵，它帶給孩子的不只是安全感、還有肯定，這是金不換的道理。

「照書養」之前，先從常識和經驗中找答案

專家和權威的教養意見，應該如何看待？

Bubu老師

養育的方法雖然有共同性，
但也應視個體的不同進行調整，調整前應先仔細觀察。
現代父母應該更自然地看待成長過程中的困難與適應，
不要因為有些現象被稱為「症」，
而覺得找到了問題的根源，反而緊抓著不放，
也不要對於萬一處理不當會產生的後果擔心不已。

洪蘭老師

專家不是不可信，而是有程度、有理智地去相信。
讓孩子吃藥或接受重大治療前，
大人必須有基本知識和普通常識、以及獨立思考的能力，
用邏輯性的方法去判斷網路或別人給的資訊是否合理，
我們是孩子的監護人，有監督和保護他的責任，
不要把這責任推到專家身上去了。

請問
洪蘭老師

凡事都要學才能會，教養必定有妙方？

知道洪蘭老師也養貓，所以我想從兩個女兒與我照顧貓的差別，來討論新世代父母倚賴專家的態度。我曾聽老師說過，知識很容易學，但常識很難教，為什麼普通常識如今一一變成專家的主張，老師對此有什麼勸告？

幾個月前，大女兒從車輪下撿回一隻貓，瘦伶伶的小貓在她細心的照顧之下，日漸強壯可愛，有時候我也自願幫她照顧一兩天。這隻貓喜歡人家抱，晚上也習慣依偎在被窩睡覺，我因為很久以前看過畫家趙二呆先生的一篇文章，回憶他童年時曾把心愛的小雞放在被窩裡同睡，晨起發現小雞被自己壓扁時的傷心，所以對於貓睡在床上深感壓力。

我感覺小貓是懂得聽話的，就在房間的一張高背沙發上幫牠鋪了一條浴巾，另一頭放一隻女兒小時候玩的小熊，我很仔細地跟貓咪解釋，牠得睡在自己的地方，不可以來我的床上睡覺，就這樣，只要留宿的夜裡，牠都能乖乖地睡在沙發上。有一天，早上四點多，牠見我起床要去洗手間，呼地從床上站直準備起身，但我摸摸牠的頭，跟牠說：「再睡一個鐘頭後才起床吃飯。」牠躺下，又睡到窗外天光照進屋裡，才跟著我起床。

當我跟女兒說起這些事，她們都大呼不可思議，接著就跟我抱怨，貓跟著她們的時候有多麼調皮，半夜會起來啃她們的頭髮，在被裡鑽進鑽出、在床上跳上跳下。最後，我的女兒們下了一個結論：這根本是不同的兩隻貓。

這句話聽起來好熟悉，因為我也經常聽到家長對我說，他們看到孩子跟我工作的樣子，簡直是「判若兩人」，所以，我想請教洪蘭老師幾個問題。

我們受父母照顧時的美好體驗，是最基本的教養參考

我發現自己照顧貓的觀念與方式，與女兒們的都不同。她們是「照書」在養貓，很像今日的父母——小貓一天該吃多少？該吃什麼？這個動作代表什麼意思、那個舉止又曾如何被分析？凡事都參照專家的說法，有點問題就要去「查查看」。而我用的是比較傳統的方式——仔細觀察貓咪的情況，也觀察每有調整之後的反應。

比如說，我覺得孩子給貓吃得不夠，所以貓咪沒有飽足，一見到食物就很饞，甚至想辦法要偷吃爐上鍋裡的食物，所以我就給得比女兒多一點。我也視天氣調整

餵食的量，牠看起來很舒服、很斯文，不像孩子們所形容的「貪」與「野」。

第一次要給貓洗澡時，我問女兒該怎麼洗，她告訴我，書與網路上都說用浴盆洗，所以我們就照著別人提供的方法做，因為，我從來沒有為貓咪洗過澡。但整個過程中，我發現貓咪是非常緊張的，尤其是水位高過牠的肚胸時，貓咪的叫聲聽起來好淒慘無助。我立刻想到，也許這個水位所形成的壓力對牠來說是很不舒服的，所以下一次洗澡，我就不再用浴盆而直接開較柔水注的蓮蓬頭，而貓咪也很享受被沖洗的感覺。

當然，我並不是要談養貓的經驗，而是想跟老師討論，「養育」的觀念自古有之，倚靠的是代代相傳的經驗與透過觀察的修正，因此有其共同性也有個別性，世代的父母都是踏著前輩的經驗與自己親眼的察變，並配合生活的條件而為孩子做出種種最有利的調整。曾幾何時，教養卻變成了一種必須透過學習才能具備的能力。

新一代的父母認為自己的不足是因為上一輩做得不夠好，所以思圖改進，但很可惜的是，他們太少回想受父母照顧時安定美好的部分，總覺得凡事都要學習才能去做，教養也必定有種種妙方。尤其在媒體與出版大力推行各式教養觀念的今天，新手父母更習慣倚賴專家，這種心情雖然可以理解，但只懂得這樣做，是否反而忽略了常識的價值，在某些事情上繞道而行？

先理解孩子的不安與困難，別急著用病症來定義行為

我曾遇到幾個上課前緊抓著母親不放的孩子，當母親用各種方法都勸慰不了他們的哭鬧時，我通常只是交一個托盤、一份具體任務給孩子，孩子就在還沒來得及擦乾眼淚前開始工作了。**我認為孩子的不安，是不知道自己在新的環境中要做什麼、會發生什麼事，因此我建議不要靠言語安慰他們，用實際的事或物來轉移注意力更有效。**

但我也發現，有時候比較難安頓的是母親本身，她們不肯離開，也不相信自己的孩子在短短的幾秒之間可以改變心情。我曾遇到過一個媽媽，所有的家長都離開了，她卻不肯走，很堅持她的孩子有嚴重的「分別焦慮症」。其實，當時孩子已情緒穩定地開始工作了，卻在母親堅持要再度道別後又哭哭啼啼起來，續演另一場肝腸寸斷的親子分別。

經歷過幾個同樣狀況的孩子之後，我開始對父母宣稱他們的孩子有「分別焦慮症」而感到很好奇。有一次我與一位在大學教音樂的朋友談起時，她說去年曾經帶一組學音樂的大學生去歐洲遊學，團中插了一個小學六年級的孩子。母親來機場送別時，孩子與媽媽淚灑機場的難分難捨讓她十分擔憂，所以上飛機之後就讓孩子坐

在她身邊，沒想到這個小朋友開心地對大家說：「這將會是我最快樂、最自由的兩個星期。」

我的朋友覺得非常不可思議，於是問那個孩子：「你剛剛在機場不是很捨不得離開媽媽嗎？」孩子說：「我媽媽都哭成那個樣子了，不陪她一下怎麼好意思！」

我所遇到的小朋友還很小，心思不至於如此複雜，但如果他們每到一個地方，母親都先告誡說：「你不要害怕！你要勇敢！」或不斷交代：「不要擔心，媽媽會在外面。」這是否在無意中加強了分別的恐懼，或讓孩子誤以為「難以割捨」是受媽媽喜歡的一種表現？

我認為現代父母應該更自然地看待成長過程中的困難與適應，不要因為有些現象被稱為「症」而覺得找到了問題的根源，反而緊抓著不放，也不要對於這種症狀萬一處理不當會產生如何可怕的後果擔心不已。

洪蘭老師會給父母什麼樣的建議呢？遇到多大的問題應該尋求專家幫助，但又如何不讓依賴專家的迷思阻礙了常識的運行？如果上網尋找資料，又要如何避免道聽塗說而能找到可靠的參考？

給Bubu的回應

每個孩子不一樣，嚴格執行教條養育的孩子反而難帶

看到Bubu老師說，我曾經說過知識很容易學，常識卻很難教，真的是如此，許多做老師的最感到挫折的就是這一點。好比記者在火災現場追著苦主問：「你父母都被燒死了，你有什麼感覺？」不知道有多少人都會罵在這種場合問這種問題是白目、不懂人情世故、沒有大腦……但在電視上總還是不時看到記者這樣問。前幾天，我又看到記者問一個顏面燒傷的人：「你的面孔毀了，你有什麼感覺？」我就跟同事說，以後中午吃飯，找個沒有電視的餐廳吧！免得氣到吃不下飯。沒有常識最大的問題是，他不認為自己沒有常識，還是我行我素，再多的忠告也進不了他的耳朵、改不了他的行為。

我最常聽到學生辯白，說他這樣做是「書上講的」，意指他是照著書上專家講的話去做，怎麼會出錯？他沒想到情境不同、文化不同、國情不同，人的反應也會不同。難怪老一輩的人會說：「盡信書不如無書。」我遇過很多家長按照育嬰手冊，一字不改、照單全收地強制執行書上的育兒方法，時間未到不給嬰兒吃奶，因為書上說四小時吃一次，這樣嚴格執行教條養育的孩子反而很難帶，整天哭個不停。

其實孩子的喜怒哀樂都顯現在臉上，他們還沒學會隱藏，所以你可以依他目前的心情，用不同的方法教導他正確行為的方式。孩子最怕你叫他過來坐在椅子上，聽你訓話，孩子看到要挨訓，逃都來不及了。我曾有小學同學穿著拖鞋就逃到我家來，因為他母親要開訓，他說連他爸都逃走了。我母親的方法則是，每天衣服收進來後，她會先把每個人的衣物分送到不同房間，然後開始摺衣服，這時她會說教，先從誰的衣服破了講起，一絲一縷得來不易，再陸續說到誰的不對。因為這過程是平和的，而且她沒有指名道姓，但做錯事的人心中都知道，告訴自己下次要改進。

有時聽到別家的父母在罵：「給你講了一百次，為什麼你都不聽？」我都會私下想，會不會是你講的方式不對，孩子不能接受呢？講了三次他不聽，還用同樣方式講上一百遍，那不是浪費你自己的時間和力氣嗎？

每個孩子不一樣，教誨的方式也不同。對很愛面子的孩子來說，一定要私下規過，最好是如我母親那樣不著痕跡地說教。孩子都不笨，真的不必指名道姓，他才知道你在罵他。至於罵人不帶髒字，中國一向很欽佩這種人，這是學問好、修養好才做得到的。只要是人都在乎面子，所謂「人不要臉，天下無敵」，絕對不要讓孩子在公眾場所丟臉，一個自重的孩子才會自愛。

一窩蜂相信專家的言論，也是一種社會的隱憂

或許我們從小接受的都是威權教育，對大人講的話不敢質疑，在美國，學生最喜歡問的是：「你怎麼知道？」你就得舉出證據說服他，這也養成我凡事要求證據的習慣，常被朋友罵我不相信他。其實不是不相信，而且他陳述的故事可能有別的解釋，這是做科學的人的習慣，從眾多可能性中找出最能解釋這個現象的說法。

許多科學家被稱為專家，其實這個名詞是美化了科學家，因為他可能只有在自己專精的領域是專家，在其他領域反而不如一般老百姓。因為人的精力有限，所有時間都投入某個領域時，其他領域一定會有疏失。我對台灣一窩蜂相信專家講的話其實很憂心，很多時候，電視上穿白袍的人不一定是醫生，他可能是個演員，只是租了一件白袍穿；而且即便是專家，你也只能相信他專業的那一塊知識，人不可能各個領域都精通（這種人不是沒有，只是很少，我曾碰過幾個中研院的老院士，他們真的是博古通今，任何領域聊起來都頭頭是道，使聽的人如沐春風。只是現在這種人越來越少了，肯像以前的讀書人那樣心無旁騖、一心下苦工鑽研學問的人大都過去了，實是可惜之事）。現在每天上電視的名嘴，雖然主持人也介紹他是某某專家，但我們聽了他的胡說八道後都替他心虛，不知他等會兒怎麼圓謊。

不要讓你的孩子，成為驗證別人理論的白老鼠

關於Bubu老師說的那些個案，我覺得父母應把時間花在上網查證最新資料，增加自己對這種病的知識來幫助孩子，這會比帶著孩子到處求醫（甚至求神拜佛，希望用神力來解除孩子的困擾）還更有效。電影「羅倫佐的油」（*Lorenzo's Oil*）就是個很好的例子。羅倫佐的父親在醫生無法幫助他的孩子之後，每天上圖書館查資料，最後找出了孩子的病因，知道原因就容易對症下藥了，他雖然來不及救自己的孩子，卻救了很多有同樣情況的人。我們在醫學院每學期都會放一次這部電影，這證明了只要有心，天下無難事，一個不用心的醫生反而不及一個全心投入的父親，讓人每次看，每次汗顏。

另一本關於妥瑞氏症（Tourette Syndrome）的書則是《站在學生前面》（*Standing in front of the Class*），作者的母親發現了孩子會動個不停的原因之後，不但教育老師，也教育了很多其他的家長接受有疾病的孩子，因為這不是他們的錯。最後，她的兒子成為美國的優良教師，還被總統召見。

有的時候求人不如求己，現在有網路、資訊公開了，對於別人講的話，先用反證法去想一下合不合理，再上網去求證細節，不要讓你的孩子成為驗證別人理論

的白老鼠。專家不是不可信，而是有程度、有理智地去相信，在讓孩子吃藥或接受重大治療前，請先上網查證一下，或至少找第二個專家問一問，我們是孩子的監護人，有監督和保護他的責任，不要把這責任推到專家身上去了。

面對網路上龐雜的資訊，大人必須有基本知識和普通常識，也要有獨立思考的能力，用邏輯性的方法去判斷別人給的資訊是否合理。例如坊間一直有人說：「我們只有用到十％的大腦。」這是很不可能的，因為大腦只有三磅，佔我們體重的二％，卻用掉身體二十％的能源，它是身體燃燒葡萄糖最多的地方，如果身體的氧和養分不夠，是各器官先關掉，把資源全都送到這裡來讓大腦使用，當它用掉的能源是本身重量的十倍時，不可能只被使用了十％。如果再去追一下是誰最早這樣說的？便會發現這只是廣告詞。又因為**大人的觀念影響孩子的幸福**，我們要鼓勵大人自己必須不斷地進修與閱讀，這同時也會給孩子建立一個好榜樣，一舉數得。

在第一時間，照顧孩子的安全感

如何發現、安撫孩子的恐懼和擔憂？

Bubu老師

兒童因為表達能力還不夠，
常常不能詳細而有條理地說明他們的需要和擔心，
對我們來說不可能有的問題，卻經常是孩子的嚴重困擾。
試著理解並尊重孩子的感受非常重要，
成人要維持高度的敏感，在重要的時刻做出正確的決定，
建立讓孩子感受到安全並投以信任的生活氛圍。

洪蘭老師

在第一時間幫助孩子的重要性是，
在那個當下孩子是無助的，
你若能好好聽他講出原委，了解他行為背後的原因，
把對錯分析給他聽、教他應對的方法，他會聽進去。
最主要是「有人關心我」的這種感覺，
會減少他受委屈的痛苦，並且對你感激一輩子。

請問
洪蘭老師

精神不受威脅，是每個孩子在成長時應受的保護

無論是憶及自己的童年成長、成為母親照顧兩個女兒的階段，或現在每個月與他人的孩子相處時，我總是花最多時間在處理孩子身心兩方面的「安全」問題。在我的認知中，安全是人生快樂的基礎。

記得之前看到老師描寫的以下這段文字時，心中升起了好多有關孩子「安全感」的問題，希望能接續您父親當時的思考繼續來討論——

小時候，我家學區屬於東門國小，可以走路上學，但是在上學第一天，我就被老師打，父親立刻把我轉到女師附小，甘願每天騎腳踏車送我去上學，因為他擔心我會害怕老師而恐懼學習。現在很多家長未能在第一時間處理孩子對老師或上學的恐懼，而造成後來的學習障礙，是件很可惜的事。

身體不受侵犯與精神不受威脅，是每個孩子在成長時應受的保護。我認為身體的安全因為比較具體，而相對容易照顧；但要經營出一個讓孩子在心情上感受得到的安全並投以信任的生活氛圍，成人則必須維持高度的敏感。其中，「覺察問題」

與「判斷影響」已經不容易，更何況要與您的父親一樣，在最重要的時候，做出最正確的決定。

不要隨便取笑孩子，更不要以自己的標準來斷定玩笑的意義

您在文字裡提及，「現在很多家長未能在第一時間處理孩子對老師或上學的恐懼」，**「第一時間」所代表的關懷意義與有效性，最值得重視**。有位家長來找我，說自己的孩子很「經不起玩笑」，別人無心的話，在他聽來卻十分嚴重。我問她何以斷定孩子在學校所受的委屈只是同學「無心」的取笑？這位媽媽說，有時家人的玩笑也會惹惱這個孩子。我建議她不要隨便取笑孩子，更不要以自己的標準來斷定玩笑的意義，每個人的敏感之處都不一樣，試著理解並尊重孩子的感受非常重要。

我記得自己童年時也會對一些玩笑難以接受、或是對他人的嘲笑至今還耿耿於懷，但成為大人後，我還是在面對孩子時犯了幾次類似的錯。當我看到自己因為輕忽而造成的反應之後，便更懂得尊重孩子感受的意義。

今年暑假過後，我曾對一個孩子說：「這幾個月妳長高好多喔！」那孩子突然提高嗓門，激動地疊聲喊叫：「我知道我很矮！我知道我很矮！」她這麼激動嚇了

我一大跳，但後來仔細想了想，我能理解她有這麼過度的反應，或許是因為身型太嬌小而有的壓力。在外表美充滿制式標準的環境中，多數孩子都飽受外表的討論，即使我的話中沒有任何惡意，但對她仍然是煩人的干擾。有個五年級的小朋友就曾因身高較矮而騙我說她是三年級，回家後覺得很不安，寫信跟我坦白，說自己是因為受了同學取笑而自卑。對我們來說不可能有的問題，卻經常是孩子的嚴重困擾。

另有一次，我帶一年級的小朋友做麵包，有個孩子看到麵團時，調皮地握拳作勢要打扁那個麵團，可愛的樣子剛好被拍到，我看了大笑，就把這張照片選入課堂的工作記錄播放檔。下一個月上課時，孩子們看到自己認真工作的模樣，個個都顯得很高興，但這張被我視為可愛的照片一出現，那位小朋友卻驚訝得眼淚差點奪眶而出，她臉上久久不去的尷尬，使我非常慚愧。我因為不夠謹慎，錯誤地處理了「可愛」的意義，沒有以孩子的感受來設想。

孩子害怕的根源，要及時了解才能有效處理

那位擔心自己孩子太敏感的母親在一個星期後又來找我，她說孩子晚上總睡不好，經常做惡夢，她不知道應該狠下心來「訓練」這個一向比較膽小的小男生，或

應該陪他、讓他好好睡一覺。

我跟媽媽說，他現在才小學二年級，有很多事自己還處理不來，先了解他的難處，再慢慢教導。兒童因為表達能力還不夠，常常不能詳細而有條理地說明他們的需要和擔心，所以，我們得主動以觀察來表達體諒。一個人常做惡夢，代表有恐懼與擔心，如果只對他吶喊「要勇敢一點」，或逼他自己睡以訓練膽量，無法有效解決問題。

成人不能讓孩子覺得無助，如果是我，我會願意陪他一下，先解決他的睡眠品質問題，再同時去尋找孩子害怕的根源。我跟她講了一個例子，我的大女兒上六年級時，有一陣子很怕去洗澡，當我第一次看到她進浴室洗澡的速度完全不對勁，便立刻去了解其中的原因。原來，他們的課堂上正在讀阿嘉莎·克莉絲蒂（Agatha Christie）的推理小說，而當時家裡的浴室是使用故事中提到的浴簾，這讓她怕得要命，但又不敢說。當我主動跟她討論後，雖然問題一時並未解決，卻幫助她把既害怕小說情節、又怕洗澡敷衍了事受責備的威脅解除了一半。隔天我也去學校找老師，與老師討論孩子害怕的事，老師很快安排幫她換了指定讀本，問題在最短的時間就得到處理。

成人不能讓孩子覺得無助，要與他們一起面對恐懼

對於這個小男孩的害怕，父母並沒有進行深入的了解。又過了將近一個月，孩子在學校被另一個同學摑了一掌，回家卻沒有告訴父母，而是由在場的導師打電話詢問，媽媽才知道。奇怪的是，親師兩方當時也未做任何處理。事隔幾天，打人的孩子的父母卻告到學校來了，因為他們在孩子的書包中找到一封詛咒信，信是被打的這個孩子與另一個孩子合寫的，信中說：「……你再來打啊！再來啊！……星期四你就會死……」

事情發展至此，所有成人的驚駭全都轉移到「你就會死」的詛咒之上。寫信這一方的家長訝異、難過於自己的孩子何以做出這樣的事，另一方家長則暴怒自己的孩子怎能被詛咒。全班父母雖幾度會議，但得到的結論也只是：「父母都太忙，疏於管教這個孩子，所以他習慣打人。」不過因為他的父母很難纏，連學校都頭痛了，大家都不知道該如何處理。

我覺得這些事全是有跡可尋的，從惡夢、被打不說，到寫詛咒信，一次次讓我們看到孩子面對自己無力控制的問題時所承受的精神威脅，也看到他們並不信任成人會與他們一起面對恐懼，所以採用了被我們視為幼稚的方式來解決。當我聽到

「你再來打我啊！」這種無奈的挑釁時，非常捨不得，可以想像這個孩子在情感上的孤立無助！

我想請洪蘭老師以這個實例，談談「第一時間」處理教養問題的重要。看見孩子被打的老師、與接到電話的父母，是否在第一時間都錯失了各自該做的事？

給Bubu的回應

安全感是成長必要的條件，也是快樂的基礎

安全感是孩子成長必要的條件，也是快樂的基礎。我父親常說：「平生不做虧心事，半夜敲門心不驚。」「心不安時，山珍海味如同嚼蠟。」他要我們「晚食以當肉，安步以當車，無罪以當貴，歸真反璞，終身不辱」。所以經營之神松下幸之助的太太松下梅之在《神的妻子》（松下幸之助被稱為「經營之神」，所以他太太被稱為「神的妻子」）一書中說道：「所謂辛苦是指內心的煎熬。沒有東西、沒有錢並不痛苦，是難關，只要有希望就不覺得辛苦，心的平靜是幸福的根源。」這種

平靜來自安全感，也就是小羅斯福所謂的「免於恐懼的自由」。

研究發現，孩子需要在安全的環境中表達情緒，假如他表達情緒的後果是挨打被罰，這股情緒就會被壓抑下去，往後再以別的方式爆發出來，例如青春期的叛逆行為。很多孩子在外面被欺負了、勒索了、挨打了，回家不敢講，因為他過去的經驗是告訴媽媽：「老師打我。」大人就會說：「老師為什麼打你不打別人？一定是你不好。」然後不分青紅皂白再打一頓，從此以後，孩子不論在外面受了什麼委屈都不會回家講。這種缺乏安全感，覺得沒有人在乎他、關心他的孩子，以後很容易出現反社會行為；那些受了委屈沒有人出來安慰他、自己又沒有能力報復的孩子，會用詛咒的方式從口頭得到滿足。家長有守護自己孩子的責任，這不是說要替他出氣，而是要坐下來聽他講出原委，把對錯分析給他聽，並教他下次應對的方法。

開玩笑和幽默不同，可能造成創傷與霸凌

我自己不開別人玩笑，也不喜歡別人開我玩笑，因為玩笑如果開不好，會變成刻薄、譏笑、諷刺，人又何必去做損人不利己的事呢？除非是很熟的朋友，你並不知道別人心中有什麼創傷，人生沒有十全十美，在成長的過程中都有一些不能面對

或承受不起的創傷，「人怕傷心，樹怕傷皮。」很多人搞不清開玩笑的底線，與其傷人不如不開玩笑；人可以嘲笑自己，但不能嘲笑別人。至於惡意的玩笑，像是捉弄，其實已經超越了玩笑的界限，國中生喜歡玩的「阿魯巴」更是把快樂建立在別人的痛苦上，它的後遺性有時會毀了孩子一生。嘲弄和阿魯巴其實是霸凌，而且是殘忍的霸凌。

開玩笑和幽默不同。開玩笑是捉弄，而且通常是捉弄別人；幽默則是四兩撥千斤，化解尷尬或危機，對象通常是自己。美國雷根總統被刺，要被送進手術房前，對他的太太南茜說：「親愛的，我忘記蹲下來了。」（I forgot to duck.）對替他開刀的醫生說：「我希望你們兩位都是共和黨員。」這是幽默，而且在中彈之後還能說出這種話來，這是勇氣。但是嘲笑別人「長得很愛國」、「三好加一好」（四好，諧音是「死好」），那不是幽默。很不幸的是，很多人分不出這個差別，以為引別人發笑就是幽默，卻沒有考慮到對方聽了之後的感覺，這是刻薄、沒有口德。

我小時候台灣物資缺乏，很少有機會穿新衣，接收別人的衣服難免會不合身，常常會被取笑。我母親就告訴我，衣服是保暖用的，只要乾淨沒破，都是好衣服；父親則說嘴長在別人臉上，你無法叫他不要說，但你可以不要聽，當你不理他時，他一個人戲就唱不下去了。我爸教我在心裡唱黃自的《熱血》，因為那首歌很亢奮，唱的時候你會微笑、精神振作；當你微笑著面對嘲笑你的人，他一定無計可施，只好走開。他沒有達到羞辱你、使你生氣的目的，他就輸了。

父親教我的方法果然好用，你不生氣、不理他，他自討沒趣，下次就不會來捉弄你了；你越激烈反應，他興致越高。所以在問題發生的第一時間，父母要聆聽，用你的智慧和經驗幫助孩子解決問題，不要讓雪球越滾越大，免得日後無法收拾。

孩子之間的霸凌問題，一定要第一時間處理

對於孩子在學校遭受霸凌，父母親一定要在第一時間教孩子如何處理，不能放任他受苦、叫他忍受，因為這會使孩子恐懼上學，無心學習，成績一落千丈。（有個孩子告訴我，他上課時最怕後面的人敲他的背，因為那會送來勒索的紙條，上面寫著：「昨天跟你說的三百元準備好了嗎？下課廁所見。」）若是孩子沒來由地成績下降，老師家長一定要細問，而且不能用法官辦案的口氣質問他，要態度和藹，當孩子不害怕會挨打、放下心來，才會原原本本地告訴你。

我在做犯罪實驗時，接觸到很多少年犯，問起來很多都是先被別人欺負，但老師、父母沒有出來為他伸張正義，他因為不敢去惹比他大的，就把怒氣發洩在弱小

無助者或貓狗等動物身上，這種孩子是可恨又可憐。在第一時間幫助孩子的重要性是，在那個當下孩子是無助的，你若能蹲下來從他的角度看事情，了解他行為背後的原因，並且為他分析這個行為的後果，他會聽進去；最主要是「有人關心我」的這種感覺會減少他受委屈的痛苦，並且對你感激一輩子。

看到孩子被打的老師，一定要在第一時間站出來保護孩子；接到電話的父母親，一定要在第一時間弄清原委。千萬不要打孩子給別人看，我非常不齒這樣的父母，弄清事實後教育孩子，有則改之，無則勉之，教孩子不要置身是非之地，瓜田不納履，李下不整冠，君子防患於未然。不要以為這是老套、或是孩子聽不懂，這些話是我小學二年級時父親告訴我的，**他不低估我的能力，我也沒有辜負他教導的期望，最主要是透過教導，我學會了如何保護自己。人不是生而知之的，請大人務必耐心教導孩子。**

輕易嚇唬孩子，會留下影響深遠的陰影

說到惡夢，我非常反對父母或老師去嚇孩子。曾經有一個國中老師在課堂上放十八層地獄的圖片給學生看，讓學生嚇到晚上不敢出門，睡覺做惡夢；也有安親班

老師喜歡講鬼故事，使學生害怕得緊緊抱在一起，不敢亂走動，結果孩子晚上不敢一個人睡、半夜不敢上廁所，對月圓恐懼，因為那是吸血鬼出來的時候……這種恐怖電影或故事引發的想像力非常可怕，甚至比原來的電影更恐怖，而且說實在話，連大人也會被嚇到。

一九六〇年，導演希區考克拍了一部恐怖片「驚魂記」（*Psycho*），劇情描述女主角珍妮．李在洗澡時被人格分裂的房東安東尼．柏金斯殺害。電影上映後，很多女生不敢洗澡，過了四十年，直到現在我一個人在家時，去洗澡還是會害怕。我家浴室有兩道鎖，我本來以為只有我一個人是這樣，前陣子去美國借住在一個同學家，發現她家的浴室也有兩道鎖，問起來，才發現我們當年都看了那部電影。其實，我們都忘了故事內容，但恐怖的感覺還在，不知當時我大腦恐懼中心的杏仁核是活化到了什麼地步，才會這樣永久不忘。所以不要隨意嚇孩子，它的後效超越我們的想像，使我們後悔莫及。

學習的期望和目標，都要配合孩子的能力

如何讓孩子免除被評價的緊張？

Bubu老師

雖然每個人都不同，但在各個成長階段，還是會有大致共同的成熟度可供參考。心理不夠成熟卻要求太多，一定會形成緊張，這是高估；已有足夠的體能卻毫無要求，會造成懶散，是一種低看。兩者對孩子都不好，父母應該考慮孩子的年齡，從自然的角度了解孩子的能力成長，幫助建立正確的態度。

洪蘭老師

台灣孩子對於學習的感受，從來不是喜悅而是恐懼，每個人都覺得自己不夠好、有辱父母的期望。父母若能先調整自己的態度，放下對分數的執著，你會看到孩子的態度也跟著改變，自然會開朗起來。請多多思考，你希望孩子有個什麼樣的人生？觀念正確了，行為就跟著改變了，結果也會不一樣了。

請問洪蘭老師

讓孩子相信，他的緊張與困難可以被了解

如果從孩子的感受來談安全感，我看到現代兒童還經常要面對另一種緊張——承受太多評價的擔憂。

即使在成人世界，溝通也經常產生誤會，更不要說生活經驗十分有限的孩子容易誤解父母師長的意思。如果成人不能主動了解孩子的感受，讓誤解產生後續不良的影響，問題將會不斷加大。孩子往往還不能正確地說出自己的感受或希望，所以，與他們相處的時候，除了仔細聆聽之外，還要主動詢問。**我習慣把自己的了解拆解成具體的事項來反問他們，透過回應才能確認彼此的溝通是否順暢**。

有一天，我跟一年級的小朋友上課上到第五個小時，其中一個先前表現得很好的孩子突然在座位前低聲啜泣。我去詢問時，她說：「這到底要怎麼縫？」得到指導後，她還是縫不好，又過了半個鐘頭，她哭得比第一次更傷心，為了怕其他孩子對她感到好奇而耽誤各自的工作進度，我牽著她的手到廚房去做點別的事。在廚房裡，當我問她為什麼哭，她一句話也答不出來，所以我就開始投遞自己的設想。

「妳不想做？」

孩子搖搖頭，眼淚繼續掉。

「妳怕做不好？」她哇地一聲哭出來，用力地點點頭。

我很快抱住她，跟她說：「沒有關係、沒有關係，我們先不縫，現在我們去烘焙室幫大家做棒棒糖當點心。」帶她走進烘焙室之後，我遞了幾根小木棒給她，告訴她每根木棒的間隔距離要怎麼排，我也立刻開始煮糖霜。這本來不在課堂的計畫之內，但我得隨時準備好幾種能夠應變的方法，在孩子緊張的時候轉移主題，但不停止上課。

我允許她先不縫，並不是要放棄教她。年齡太小的孩子被緊張與挫折襲擊時，應付的方法不是哭就是鬧，我更在意他們的不安，先帶離使她挫折的工作，轉入另一個有具體作為的現場，孩子通常就會緩和一些。我想營造一種讓孩子相信自己的困難可以被了解的氣氛。

我經常看到大人堅持要在當下討論孩子的問題，比如一定要他們說出自己的感受，卻不考慮兒童的表達力夠不夠。**如果先把他們從情緒中引領出來，就有機會建立新的心情來應付困難。**

在孩子面臨問題時指責或掩護，都不是有用的關心

有趣的是，當這個孩子眼中還帶著淚水，但呼吸漸趨平穩之後，她一邊幫我擺設棒棒糖的木棍，心中對未完成的工作還擔心不已。這次，她換了一個說法來表達自己的意思。擺木棍時，她嘀咕著說：「我今天不想縫圍裙，因為我們家已經有很多、很多了，已經夠用了。」

我了解她的意思，所以就先安慰她，等我們把棒棒糖都做好了，我再帶她去上縫紉車。我說縫紉車很厲害，她試試看就知道了，圍裙我們還是要縫的，但不用帶回家，只要練習就好。她聽完之後似乎安心了，不再對之後要繼續的工作安排有任何意見。

我認為這孩子所擔心的事，與其說是「會或不會」，不如說是擔心回家後，父母會透過作品來認定她這一天的學習「夠不夠好」或「認不認真」，所以，如果功課不用帶回家，心裡就輕鬆一點。在我的課堂中，也遇過有些孩子會在課後把作品藏起來、或偷偷丟在垃圾桶中，但他們在上課時並不害怕我去察看進度，所以我推想他們怕的是父母。我很想提醒父母一件事：當孩子對於功課這麼緊張，就應該去了解是自己關心過度了、還是孩子誤會父母的意思？

我也經常注意父母與小朋友之間的互動、他們詢問孩子的語言與提問的重點。我的結論是，有些父母應該更嚴一些，有些父母則要放鬆一點。這其間的「鬆」與「緊」，應該要考慮孩子的年齡。雖然每一個人都不同，但在各個成長階段還是會有大致共同的成熟度可供參考。心理不夠成熟卻要求太多，一定會形成緊張，這是高估；已經有足夠的體能卻毫無要求，會造成懶散，是一種低看，兩者對孩子都不好。

比如說，一年級的小朋友如果已經專心工作了四個小時，她一定是累的，如果下課想要媽媽抱一下以求安慰，這並非是依賴，母親不用為此擔心，但我看到有位媽媽就把孩子推到一邊，要她好好站直。另一個情況是，有個六年級的孩子懶洋洋地不肯做任何收拾的工作，當我提醒孩子，下一次自己的勞務不能由同伴承擔時，母親卻在孩子面前替她說話：「她其實是有心要做的，只是體力不好。」

父母當然要關心孩子的學習，但如果關心的不是過程、不是從自然的角度了解他們的能力成長，並幫助建立正確的態度，而只是從作品、分數給予批評，或在孩子面臨問題時選擇指責或刻意掩護，這對孩子都不算是有助益的關心。

細心觀察後所伸出的援手，才能獲得孩子的信任

至於孩子因為過度受批評而產生的反應，我看到兩種不同的典型。一是，父母在的時候非常循規蹈矩、認真努力，但父母一不在就如脫韁野馬，無視於紀律的存在；另一是，父母親不在的時候學習比較自在，父母在場就顯得畏縮或沒精打采、意興闌珊。

請問洪蘭老師會怎麼分析這兩種不同的反應？父母親又要如何在已見到的實況中調整自己的態度？如果家長的反應帶給孩子某種誤解或壓力時，親師之間是否應對此有更深切的討論？

孩子當然要好好學習，但不能在父母師長的評價與檢視下戰戰兢兢地學習。記得有一次我跟一位媽媽說，孩子今天表現得真好，媽媽對我點點頭，也讚許地摸了摸孩子的頭，最後卻幽幽地答了一句：「是很好啦！但還可以更好。」那一刻，小朋友的表情是難以形容的，也不是失望、也不是難過，而更近於驚慌與尷尬。

我很想跟父母說，如果想幫助孩子，要從他們正在煩擾的狀況中著手才有用。他們的煩擾有時候是：不知道自己的工作目標在哪裡（這裡所說的目標並非人生的目標，而是眼前要做的事到底是什麼）；有時候是：沒有足夠的能力或技術去完成

已知的目標；更有時候是：不斷擔心自己的學習成果是否達到成人的期望。無論是哪一種，細心觀察後所伸出的援手，才能獲得孩子的信任，所謂的安全感也才會真正落實於生活中。

我一直試著要把對孩子的期望調整到能「配合」他們的能力，但把目標設定在足以「激發」他們學習熱情的合理狀況中，希望他們身處在一個對學習也有安全感的世界。

給Bubu的回應

承擔太多父母的期待，讓孩子活在罪惡感之中

Bubu老師談到，台灣的孩子身上承擔著太多父母的期待，成為另一種緊張，我有個例子，足可提供給父母反思。一個國三的男孩燒炭自殺未遂，父母希望我跟他談一下，我問他：「你父母對你那麼好，媽媽早上五點起床，替你煮新鮮的飯、炒新鮮的菜，她怕你國三壓力大，吃不下外面買的便當，也怕你營養不夠均衡，天

天自己做好便當，送你上學，你為什麼還要自殺，讓你父母傷心？」他深深吸了一口氣說：「我就是怕他們失望，覺得每天活在罪惡感之中，不如死了算了。」

原來他母親經常跟他說：「我不要求你考一百分，你只要考九十五分，我就很滿意了。」他其實很努力，但一直考不到九十分以上（他已經覺得自己笨、不是念書的料，在浪費父母用血汗錢賺來的補習費，辜負父母的犧牲了），有天終於考了九十六分，他好高興，衝回家給媽媽看數學考卷，想不到母親不但沒有獎勵他，反而問他：「另外那四分到哪裡去了。」他才知道，母親嘴裡不說，但要求的其實是滿分。他說這就像跳高，每次跳不過，都把竿子踢下來，終於有一次跳過了，他正在高興時，回頭一看，跳高的竿子又升高了。他知道自己永遠達不到母親的期望，而自殺是他所看到，對於目前情況唯一的解脫之道。

每天戰戰兢兢地學習，把孩子的志氣和自信都耗光

其實台灣的孩子都是在罪惡感之中長大的，每個人都覺得自己不夠好、有辱父母的期望。我們對於學習的感受，從來不是喜悅而是恐懼，害怕考壞會挨罵，每天戰戰兢兢地學習。我有個同學每次小考時（在北一女那幾乎是例行公事，沒有一天

不考），就會禱告：如果讓我考一百分，我願折三年的壽。我常勸她不要這樣說，因為我幫她計算了一下，她早就欠閻羅王的壽命，欠到下輩子都還不清了。她無奈地說：「妳不知道我媽『無聲的眼淚』的威力。」難怪每次發成績單，她都臉色蒼白、手腳冰冷，還鼓勵我去讀醫，幫她找出不痛去死的方法（這位同學現在在美國俄亥俄州立大學教書，過得很好，只是不知道她還記不記得當年念書的苦？）

讀書實在不該把孩子的志氣和自信都耗光。Bubu老師說的安全感，我敢說在求學過程中，沒有一個孩子有過。我很欣賞馬友友的母親，她說馬友友從來不曾因大提琴拉得不好而挨打。因為打了他，他就對大提琴恐懼；恐懼，他就不會摸它；不練習，怎麼會成為大提琴家呢？人只有處於安全的環境，學習才會產生興趣；人也需要在安全的環境中長大，身心才會平衡發展。

分數只是評量的一種方式，不是唯一、也不是最好的方式

Bubu老師提到兩種不同典型的孩子，一是父母在的時候非常循規蹈矩、認真努力，但父母一不在就如脫韁野馬；另一是父母不在的時候比較認真自在，父母一到就顯得沒精打采、意興闌珊。第一種孩子是沒有真正感受到學習的樂趣、也不明

瞭學習的目的，他們是在應付，由於父母管得很嚴、常會挨打，為了避免皮肉遭殃，父母在時會循規蹈矩、做給父母看，但因心中並未認同學習，父母一不在就作亂了。英文有一句諺語：“When the cat's away, the mice will play.”大人一不在家，就大鬧天宮了，這種是專做表面工夫的孩子、雙面人，以後在職場會吃虧。所謂「騙得了一時，騙不了一世」，不要讓孩子養成這種壞習慣。

另一種是父母不在時認真自在，父母一出現就沒精打采，這種孩子是跟父母的關係不好、溝通不良，既然我怎麼做你都要嫌，我就什麼都不做，讓你沒有藉口挑剔毛病，所以對任何事都表現出意興闌珊的態度，消極叛逆。孩子有這兩種態度，父母都要檢討。

我們常說，沒有人會使你不快樂，是你使自己不快樂，情緒是操之在己，不要每天問別人「什麼時候會改變」，要問「我該怎麼做來改變自己」。你的心態不一樣，看事情的角度就會不一樣，父母先調整自己的態度，你會看到孩子的態度也跟著改變。分數只是評量的一個方式，它不是唯一的方式、也不是最好的方式，父母老師若能放下對分數的執著，孩子自然會開朗起來。解鈴還需繫鈴人，父母請多多思考，你希望孩子的人生是個什麼樣的人生？觀念正確了，行為就跟著改變了，結果也會不一樣了。

以愛為名所行的欺騙，或許是更大的殘忍

父母可以出於善意而欺瞞孩子嗎？

Bubu老師

即使對大人來說，受騙都是可怕的經驗，
更何況對生活沒有主導力量的孩子，如果他們經常受騙，
一定會累積成多疑的性格、或轉變為防避受難的說謊者。
善待孩子是所有成人應有的基本成熟，
既為父母就有責任，無論在哪一個環境中，
我們都應該盡力給孩子一個比較友善、真誠的生活。

洪蘭老師

誠實是教養孩子最重要的原則，
「爸媽從來沒有騙過我」的信念，
在他腦海中會變成「爸媽是可信任」的觀念。
而離婚對孩子的傷害在於安全感，
如果一定要這麼做，也請誠實地跟孩子解釋，不要騙他，
被欺騙大概是所有心靈傷害中最嚴重、烙痕最深的一種。

有位父親送他們的一對女兒來上課時，大女兒在門口突然停下腳步，回頭問爸爸說：「爸爸，等一下我上課的時候你要去哪裡？」

我看到她們的爸爸低頭跟孩子說話，話還未了，就聽到提問的孩子仰起頭對父親喊了一聲：「騙子！」然後扭頭往我這邊走來。另一個原本緊跟在姐姐身旁、好可愛的小妹妹看了姐姐一眼之後，也學著喊了更大的一聲「騙子！」而後急急邁著小跑步跟上姐姐。

那兩聲「騙子」讓那位爸爸有些尷尬地朝我這邊笑了笑，我對他點點頭，希望他知道我了解他那一刻的無奈。

我想，那個爸爸未必在回答孩子的問話時說了什麼不得了的謊話，但我們不得不承認，**大人經常對孩子的反應有特定的預估，反而因此做了不必要的隱瞞**。孩子多半是精明的，當他們轉了一下腦筋，覺得這個說法不可信，於是就老實不客氣給父親戴上一頂「騙子」的大帽子。

建立於經驗中的信任，比物質的允諾更重要

雖然每個成人都曾經是孩子，照理說應該非常了解孩子對現實的感受，但幾乎是每一個成人都認為孩子無法接受事實，或孩子更喜歡與真實不相符合的說法，所以即使是很小的事，也習慣要騙小孩。好比說，要出去半天卻說：「去一下馬上就回來！」明明是買給自己的東西，卻騙說要送給朋友。有些父母也經常跟孩子說：「不要怕，你老實跟媽媽說，我不會生氣。」但每次聽了孩子所吐的真言，卻立刻動手打人。

即使對大人來說，受騙都是非常可怕的經驗，更何況對生活並沒有任何主導力量的孩子，如果他們經常受騙，結果一定會累積成多疑的性格，或轉變為防避受難的說謊者。比如說，經常被誘說真話而受處罰的孩子，有了幾次經驗之後，就會開始以說謊來防範未然。

父母們因為讀了曾子殺彘的故事，所以多數人都知道，允諾了孩子的事就要做到，但所謂的答應，還是比較集中於物質，答應買什麼就一定會買……等等。我認為，親子之間的誠信問題，更重要的是物質之外、建立於經驗之中的信任。最簡單地說，不管是上學的接送或參加活動，覺得無論如何一定要以自己所承諾的時間到

達的父母，比例就不是非常高。我們常看到父母為自己的失信找理由做解釋，在這種影響下的孩子只有兩種選擇：一是追隨父母，當一個習慣掩飾的人；另一是討厭父母的作為，翻轉自己的日常經驗，逆向學習當個誠實的人。

面對不真實的家庭，孩子會更加失望與無所適從

除了日常的生活經驗之外，這幾年我還遇到一些情感生變、面臨離婚的父母，通常母親們會為了要不要讓孩子知道實情，而非常徬徨痛苦。尤其有些孩子還很年幼，她們更是不知所措。父母離婚對孩子來說當然是痛苦的，但如果已經面臨問題的父母以愛為名，欺騙孩子或錯認孩子對愛的需要，那或許是更大的殘忍。

我有一對朋友，夫妻倆十幾年來未曾在家中同住一房，也絕不透過說話進行溝通，但他們卻認為自己已經為孩子做了最大的犧牲，努力地守住一個家。更奇怪的是，他們還認為兩個孩子直到現在仍然不知道他們的感情不好。他們的約定是，只要年幼的那個孩子進了大學，他們就簽字離婚，各奔東西。

這幾年，我看著兩個孩子住在這種貌合神離、氣氛詭異的家中，覺得太可憐，幾次勸他們要讓孩子知道真相，但兩人都不願意。這期間，孩子陸續出了不少問

題，有一次，在小學念書的老二上課上到一半，突然去撞牆。對於孩子的種種反應，我很心疼，但不意外，因為將心比心，如果我是這個家的孩子，我也不知道該怎麼面對這麼不真實的家庭——是跟父母配合一路把戲演完？還是為了要一個真實而跟他們抗爭？

不要說是孩子，連人生經驗豐富的大人，也無法接受被欺騙的失望。我有一個好朋友，去年在旅行途中遇到一對感情非常好的夫妻，這對中年夫妻無論彼此的默契或兩人形影不離的親愛，都讓我的朋友覺得是難忘的榜樣，沒想到回台灣不到一個星期，就聽說倆人簽字離婚的消息。我的朋友說，她一想到整個事情的真相竟是如此，就忍不住哭了起來。我並不覺得五十五歲的她為這樣的事而哭是多愁善感，正因為她善良如孩子，所以才無法接受一個星期前還濃情蜜意的夫妻，幾天後竟結束婚姻的如戲之感吧！

一個孩子被愛與否，是來自他所感受到的事實

所有決定離婚的父母，都會帶給孩子某個程度的傷害，不管父母雙方自認做得有多好，孩子終究要面臨因為父母離婚而失去家庭完整的事實，如果他們因此暫

時失去安全感，應該也是很自然的事。有些父母因為自覺已做好所有的彌補，而希望孩子沒有感受，這就太強他們所難了。我看到有些比較早熟的孩子，的確因為了解父母有這種期待，而學著用無所謂來隱藏真實的感受，這更可憐。一個孩子被愛與否，是來自他所感受到的事實，但大人卻常常以為我們可以透過一種「說法」或「做法」，來經營理想的愛。

我看到決定離婚的夫妻，多少對伴侶都心存某些埋怨，也很少有人不以兒女來做為表達埋怨的管道。如果能承認這種心態的正常，反而有助於彼此提醒：雖然婚姻結束，但各自為人父母的責任還在，善待孩子是所有成人應有的基本成熟，即使已決定離婚，如果孩子不是埋怨或談判的籌碼，而是諸多不同中唯一的共識，我們就不會欺負他們。

對於孩子，我最基本的想法是，既為父母就有責任，無論在哪一個環境中，我們都應該盡自己的力量，給孩子一個比較友善、真誠的生活！洪蘭老師應該也經常會遇到家長請問您，可不可以因為善意而欺瞞孩子吧？您會怎麼看待這些問題的影響呢？

給Bubu的回應

孩子是騙不得的，別讓欺瞞抹殺了孩子對你的尊敬

誠實是教養孩子最重要的原則。因為誠信像堆積木一樣，一塊一塊累積起來，成為世人對我們的看法。但是它也非常不穩當，只要一塊積木放歪，就會整個倒下來，前功盡棄。許多父母忽略了誠信的重要性，常用沒有時間解釋理由給孩子聽做為藉口，或是以為他們年紀還小聽不懂，便用騙的方式，殊不知孩子是騙不得的。哪怕是生死大事，都要誠實對孩子說，因為他現在雖然不懂，但是有一天會懂，而且被騙的感覺非常不好。「母親從來沒有騙過我」這個信念，在他腦海中會變成「母親是可信任」的觀念，以後母親說什麼他都會馬上做，因為「我媽媽從來沒有騙過我」。

這一點很重要，我們不會聽自己不尊敬的人的話，許多孩子會叛逆，就是父母在他心中失去了受尊敬的地位，而誠信可說是贏得孩子尊敬最重要的原則。

很多父母經常不解，每次跟孩子講：「你只要誠實告訴我，我一定不生氣。」但孩子每每還是要騙他。我問他：「孩子誠實告訴你時，你有沒有打他？」他說：

「有。」這就是原因了，孩子不是傻瓜，上過一次當，下次就絕對不再相信父母的「坦白從寬」。其實，人不喜歡說謊，孩子騙你，他自己也不好過，因為我們從實驗上看到人性是本善的，人喜歡說真話，說謊時，大腦的厭惡中心會活化起來。所以賓州州立大學的研究才會指出，孩子說謊其實是被父母逼的，他怕挨打，只好出此下策。

離婚的選擇只是個開始，圓滿地完成它才是目標

至於離婚，不管過程再怎麼友善，對孩子都是很大的傷害。離婚是非常私人的事，別人無法置喙，不過有個觀念很重要：「選擇只是個開始，圓滿地完成它，才是目標。」結婚是個承諾，承諾就要忠誠，人要為自己的選擇負責，自己種因，自己受果。如果已有了孩子，那麼父母對孩子有扶養的責任，因為是你把他帶到這個世界來的。人沒有十全十美，自己本身也有毛病，所以不要盡挑配偶的毛病，林則徐說得好：「是我的錯，我氣什麼？不是我的錯，我為什麼要生氣？」中國人一向勸合不勸離，除了對方有暴力、毒和賭這種難戒的惡習（這種一定勸離，因為積習難改），一般都勸當事人想辦法用欣賞的眼光去看對方，畢竟自己當年千挑萬選才

找到的對象，總是有些道理在裡面，再換一個人不見得就好。

離婚對孩子的傷害在於安全感。研究發現，動物幼小時候都長得很可愛，因為牠們沒有自衛的能力，要靠大人來保護，這是演化出來的結果。一九六二年諾貝爾文學獎得主史坦貝克（John Steinbeck）說：「孩子最大的恐懼是沒有人愛。」有時父母心情不好，會跟孩子說：「我不要你了。」孩子聽到都非常恐懼；我們常看到孩子哭得一臉鼻涕，躺在地上耍賴，一看見媽媽轉身要走開，會立刻要媽媽抱、要媽媽親他，他要確定母親還愛他。正向心理學大師賽利格曼（Martin Seligman）離婚時，他兒子五歲，每次他去接孩子度週末，孩子都問他：「你明天會不會再跟媽媽結婚？」聽了實在令人難過。

父母應該盡自己的力量，給孩子一個溫暖的家，讓他在安全、和諧、真誠的環境中長大。研究發現，這與孩子長大後人格的形成以及遭遇挫折時的反彈力有很大的關係。如果一定要離婚，也請誠實地跟孩子解釋，不要騙他，被騙和被背叛大概是所有心靈傷害中最嚴重、烙痕最深的一種。忠誠是做人的基本，己所不欲，勿施於人，請尊重自己，也尊重你的配偶及孩子。

很多家長都承認孩子有時在家與在外會判若兩人，
如果有這樣的狀況，最需要檢討的是建立價值的方式。
生活必須與教育一致，否則起不了教育作用；
身心的照顧、人品的建立、禮貌的教養、服務精神的培育，
本應由內而外才能根深柢固。
我們應該重視經由日常生活自然內化的教育過程，
讓孩子從生活的常規實務、細微的舉止言談、家人的尊重互助，
循序漸進地學習自我管理、善待他人，
而後再服務社區、社會。

第二部

好好生活
就是教育

起居有時，養成正確的生活價值觀

如何使孩子的身心得到完整的休息？

Bubu老師

訓練動物會以食物或撫慰做為獎勵，現在的父母也像馴獸師，因為某些娛樂的花費不高，而沒有限制地拿來做為孩子辛苦上學的補償。但解決這個問題的方法，應該是調整平日的擠壓，而不是用兩天的過度放鬆來彌補週間五天的愧疚。凡事必有犒賞是一種功利的教育，很難教會孩子珍惜自己。

洪蘭老師

咖啡或提神飲料的效果只是使眼睛睜開，大腦內部是停擺的，讓人很累又睡不著，反而難受。所以，在孩子顯得沒有精神時，應該叫他回去補眠，從作息正常這個根本之道來改變精神疲憊，或是同一項工作不要做太久，以保持大腦的新鮮感，不要輕易養成依賴外力來提神的習慣。

請問
洪蘭老師

孩子所需要的休息，並非只是「放空」或「狂歡」

我所遇到的小朋友都是在假日才來上課，雖然是早上，但有些孩子卻看起來好睏，肢體也不活潑，問起來才知道都是因為前一夜看電視、電影或玩遊戲而晚睡，隔天當然精神不好。我跟不少父母討論過，了解他們之所以總是允許孩子在假日的前一夜晚睡，是憐惜孩子平日上課太累了，想讓他們好好放鬆、休息一下；即使平日很重視生活規律的父母，也常以此來犒賞孩子。

「起居有時」本來是我們養護身體的方法，如果父母希望孩子在上學日的前一晚要早點上床，卻允許他們在放假的前一夜可以通宵，這不就等於提供孩子兩套生活標準，會不會使他們因為假日都能睡到自然醒，而覺得上學日早起是痛苦的事？我想請問洪蘭老師，父母以這種方式來「犒賞」孩子是正確的嗎？

訓練動物會以食物或撫慰做為獎勵，現在的父母也像馴獸師，因為某些娛樂的花費不高，而沒有限制地拿來做為孩子平日辛苦上學的補償。但解決這個問題的方法，應該是調整平日的擠壓，而不是用兩天的過度放鬆來彌補週間五天的愧疚。

我擔心現在的孩子如果從小養成工作之後必要通霄狂歡的習慣，會不會影響他們對生活的價值觀？這些因為「犒賞」而養成的「習慣」，會不會變成一種「娛樂癮」？父母要如何警覺「癮」慢慢形成的警訊？

比如說：

每天要打多久的電動

每天一定要去超商買個小東西

吃飯一定要有飲料

假日前一晚一定要與朋友聚會或外出用餐

星期假日一定要出遠門、寒暑假要出國

對大腦來說，什麼情狀叫做「放空」？為什麼所有以電動、電視來轉換生活的人，都宣稱自己是以「放空」的狀況在休息，對心智來說，這樣真的能產生慰藉作用嗎？以狂歡活動或電視馬拉松放鬆之後的孩子，為什麼隔天看起來更疲憊？

我上大學時，有些體育課是開在早上六點半，而現在多數的大學生都是夜貓子，不要說六點半，就連有趣的課也不能開在早上了。聽說有些老師還得整個學期都買麥當勞早餐請學生，才有人肯來上中午之前的課。這個現象是否足以提醒正在養育小朋友的父母，要更看重平日的生活作息，凡事必有犒賞是一種功利的教育，很難教會孩子珍惜自己。

用強迫身體的方式提神，可能引發學習與健康的警訊

記得洪蘭老師曾在演講中說過，「夜晚是大腦在工作」，「休息」對於身心的恢復與養護有多重要？又會對學習產生什麼樣的影響？現在，父母看到孩子沒有精神，立刻就想到有沒有「提神」的方法，精神不集中就願意讓孩子服藥，而不是尋找更正確的休息方式，我想請老師為我們解釋，「提神」是一種「勉強的狀態」或「自然的再振奮」？

我跟小朋友一起工作的時候，發現孩子們看起來沒有精神，有時候是需要吃點東西、補充體力，有時候得靠轉換工作來提起他們的精神。實際上，我沒有真正讓他們「放空」，但試過的各種方法效果都很不錯。洪蘭老師認為家長應該如何照顧孩子的身心，使他們得到有用的休息，而不是以「你現在撐著點，週末就可以自由自在」或「學期辛苦一點，寒暑假就帶你出國玩」做為支持？

我曾看過高中生買「蠻牛」之類的飲料來喝，看了好擔心，但父母對此似乎並不以為意。我想請老師為大家解釋，「看起來很興奮」與「真正有精神」的差別是

什麼？我問了一些大學生，才知道他們會同時喝酒又喝提神飲料，說這樣可以「精神放鬆卻仍然有體力通宵熬夜」，我本來以為這是無法同時存在於一個身體的情況，沒想到已經有孩子用藥物在強求兼顧。當我們這樣強迫身體時，大腦是如何運用資源，又會有什麼問題？父母對此應有什麼警覺？

工作與休息、勞心與勞力，都應講求平衡與紀律

記得中學時，我們的導師曾以朱光潛先生的文章引導我們認識工作與休息、勞心與勞力平衡的重要。尤其在放長假前，學校一定會仔細叮嚀，日常作息的紀律不可鬆散。我找到當時師長為我們介紹的文章，引文於後——

不同性質的工作更番瓜代，固可以收到調劑和休息的效用，可是一個人不能時時刻刻都在工作，事實上沒有這種需要，而且勞苦過度，工作也變成一種苦事，不能有很大的效率。我們有時須完全放棄工作，做一點無所為而為的活動，享受一點自由人的幸福。工作都有所為而為，帶有實用目的；無所為而為，不帶實用目的的活動，都可以算作消遣。我們說「消遣」，意謂「混去時光」，含義實在不很好；西方人說「轉向」（diversion），意謂「把精力朝另一方面去用」，它和工作同稱

為occupation，比較可以見出消遣的用處。所謂 occupation 無恰當中文譯詞，似包含占領和寄託兩意，在工作和消遣時，都有一件事物「占領」著我們的身心，而我們的身心也就「寄託」在那一件事物裡面。身心寄託在哪裡，精力也就發洩在哪裡。

洪蘭老師是否覺得，現代父母也應參考過去對「消遣」這兩個字的解釋？未來的生活一定是壓力越來越重，而商業掛帥的社會又不斷以各種娛樂來引誘消費，如果不從小教導孩子分辨休息與娛樂的不同，只片面曲解「過勞」的意思，是否是教育上的一大缺失？

給Bubu的回應

希望孩子身體強健，起居有常是必備的習慣

生活的作與息，就是《黃帝內經》所說的「飲食有節，起居有常」，它其實就是紀律，有紀律的人不妄作勞，故能形與神俱。父母若希望孩子身體強健，「起居有常」是必定要培養的習慣。

現在年輕人喜歡熬夜，它有一點心理上占便宜的竊喜，因為日出而作、日入而息本是常規，但是有了電燈，可以使夜晚如白晝，比古人秉燭夜遊更高明，那麼晚上不睡就等於借時光，盡量享受人生，在感覺上是賺到了，所以心中會有不由自主的竊喜。

白天上班上課，晚上則是自己的時間，要怎麼花用，不關別人的事，但要是白天睡覺，就會被罵偷懶。宰予晝寢，就被孔子罵「朽木不可雕也，糞土之牆不可杇也」，我們在念《論語》時，都覺得宰予很可憐，也不過睡個午覺，怎麼就變成糞土之牆了？但是在讀李白的〈春夜宴桃李園序〉時，「開瓊筵以坐花，飛羽觴而醉月」，卻覺得好浪漫、好嚮往，沒人覺得有罪惡感。所以，只要第二天不必早起，許多人都會晚睡一點，這是偶爾做點小壞事的快樂，本無可厚非，但像現在大學生每晚上網到天亮，自嘲像蘇東坡「不知東方之既白」，那就過分了。

其實作息不定時對身體不好，單看「熬夜」的「熬」字就知道了。熬是煎熬，不得已必須要忍受的痛苦。古人當然不知道為什麼晝夜顛倒不好，現在知道這跟「褪黑激素」（melatonin）有關。褪黑激素是一種荷爾蒙，由松果體分泌，研究發現，航空公司的空服員罹患乳癌的機率比別人高，就是因為她們常飛過子午線，晝夜顛倒，身體內褪黑激素分泌不正常的緣故。這個研究結果公布後，許多須值大夜班的工作都盡量排成一個月以上才換班，避免身體一直在調整褪黑激素的分泌。有時想想，《黃帝內經》說古人都活到一百歲是有道理的，他們都依循大自然的週期在生活，天人一致時，身體運作得最輕鬆。

打電動、看電視不會使大腦放空，反而會過勞

至於現在很多孩子每天一定要打電動，飯後一定要喝飲料吃甜點，假日前一晚一定要外出用餐、與朋友聚會，星期假日一定要出遠門，寒暑假一定要出國，每天一定要去超商買個小東西等等都是壞習慣，它沒有生理上的原因，純粹是被寵壞導致的結果。其實看電視是被動地接受訊息，並不能使大腦放空，反而會使大腦過勞（overwork）。因為電視畫面是跳動的，人的眼睛會對動的東西特別注意，而演化通常不給你第二次機會，一個會動的東西對你造成傷害的可能性，絕對大過不會動的花草木石。研究發現，如果電視螢幕的畫面在兩分鐘之內有超過十次的cutting（切換）、zooming（縮放）、editing（剪輯），大腦就會過累，這是為什麼電視會越看越累，看到最後睡著，變成沙發上的馬鈴薯。

其實放空最好的方法，是打坐參禪時的mindfulness（中文譯為「正念」或「靜

觀」），即是讓自己保持在一種超然的狀態下，外界的訊息進來了，但是大腦不去處理它，擱在一邊。當人能讓自己的心靈不受外界的干擾，不以物喜、不以己悲時，他的心就平靜了，他就快樂了。目前已有很多研究採用打坐的 mindfulness 治療憂鬱症，效果都不錯。

不要讓孩子開夜車，寧可先睡再早起補作業

至於夜晚睡覺時大腦也在工作，是因為研究發現，有三種重要的神經傳導物質是在睡眠時分泌出來的——正腎上腺素（norepinephrine）、血清胺（serotonin）和生長激素（growth hormone）。實驗發現，嬰兒如果今天睡的比平時多，四十八小時以後也會長高一點，因此要孩子長得高，要讓他睡得飽。

很多幼兒早上被母親叫醒送到保母家時會有起床氣，那是因為血清胺跟情緒有直接的關係，當它在大腦中不足時，人的情緒會低落。許多抗憂鬱症的藥物如百憂解（prozac），就是阻擋大腦中血清胺的回收，當它分泌得多，人的情緒就好起來了，所以肚子餓時脾氣會暴躁，吃到好菜時人會笑。而且不論中外，早飯多半為澱粉類的食物，就是因為碳水化合物進入大腦之後，會變成血清胺的前身，便利大腦

製造血清胺，使我們可以順利展開一天的工作。血清胺和記憶、情緒、動機都有直接的關係。

正腎上腺素則使我們注意力集中、學習效果好，所以睡不夠時，上課會無精打采，沒辦法專注、記憶力不好。因此睡眠對學習來說是很重要的，不要讓孩子開夜車，寧可先睡，早上早一點起來補作業，效果會比開夜車好。

提神飲料只能使眼睛睜開，大腦內部是停擺的

因此，在孩子顯得沒有精神時，不是給他錢去買蠻牛來提神，而是叫他回去補眠，從作息正常這個根本之道來改變精神疲憊。咖啡的提神效果只是使眼睛睜開，大腦內部是停擺的。研究發現，睡眠不足會使訊息的處理速度減慢，並導致判斷錯誤，在進行需要即時反應的活動中（例如駕駛）會造成危險。凡是期末考開過夜車的人都知道，考完後，山珍海味、美女如雲都激不起興趣，心中唯一想做的是回到宿舍去大睡一覺。

咖啡和蠻牛等興奮劑其實會使人很累又睡不著，反而難受。在我們小時候，台灣沒有咖啡（應該說有，但一般老百姓喝不起，更不要說學生了），蠻牛還沒發明

出來，我們使自己清醒的方式是：同一項工作不要做太久，以保持大腦的新鮮感。

在我考大學時，父親告訴我："Familiarity breeds contempt."（親暱生狎侮。）大腦不喜歡一直讀同樣的東西，同樣的事情經歷久了會生厭也會疲勞，不是只有身體。他特別跟我母親商量，**凡是要考聯考的孩子，家事雖不能不做，但可以挑項目。所以他叫我挑掃院子、擦地板、擦榻榻米這種可以分段做的工作，沒有聯考壓力的孩子則分配到洗碗、洗米這種有時間性的工作。**

父親的這個建議真的很好，我國文讀一讀，站起來去掃院子，回去換歷史讀一讀；覺得累了，又站起來擦地板，再換英文讀一讀。每換一門科目時，就用冷水洗一次臉，在沒有提神劑的幫忙下，我果然考上了第一志願。

轉換不同活動，大腦就不會彈性疲乏而能持續運作

其實父親的建議是有實驗根據的，只是他不知道，我則是到美國留學之後才知道。俄亥俄州立大學的研究者曾經給大學生看十個花卉名字，如玫瑰、劍蘭、百合……看完後再請他們默寫出來。第一次測驗的成績都很好，一般大學生可以記個八九不離十（短期記憶的廣度是7±2）；但是第二次再看不同花卉名稱，如牡

丹、櫻花，回憶的成績就下降了。到了第三次再默寫花卉的名字時，居然只回憶出四、五個來，還有人產生「闖入錯誤」（intrusion error），誤把前面出現過的花名，寫到這一次的名單來。

一開始，研究員以為是記憶疲乏了，因為記三十個字太多了，已超越記憶的負荷，但其實並非如此。如果第四次跳脫原有的類別，改為看傢俱類名稱時，受試者又能回憶出八、九個來，表示記憶能力並沒有衰退，是同質性及相似性干擾的緣故，是彈性疲乏而不是記憶疲乏，所以換個項目時，記憶成績又好起來了。

父親是從他自己學習的經驗中悟出這個道理，而研究者則用實驗證明它是大腦處理訊息的「飽和」（satiation）問題。這是神經科學很吸引人的地方，它解釋了每個行為背後的原因，使我們不再知其然而不知其所以然。

讀書最好不要靠外力來使自己清醒，其實，做任何事都盡量不要靠外力，要反求諸己，因為只有靠自己才是最有效的。在沒有蠻牛也喝不起咖啡和茶葉的時代，很多人也念出頭了，所以父母親看到孩子委靡不振時，不要先想給他喝什麼，而是要想如何使他自己精神好起來，**千萬不要養成孩子依賴外力的習慣，人只有依賴自己才能永不匱乏**。

做任何事，都不要讓孩子養成「過度」的習慣

現在很多父母允許孩子在週五晚睡來「犒賞」孩子平日上學的辛勞，這偶一為之可以，要是每週都如此，就會打亂孩子的生理時鐘，影響他荷爾蒙的分泌，對孩子的健康不利（前面說過，褪黑激素的不正常分泌會致癌）。一個人如果從小養成工作後就需要通宵狂歡的習慣，是很不好的事，所有的醫生都不喜歡任何跟「狂」有關的名詞，狂歡、狂飲、狂怒都傷身，因為「狂」是過度的意思，做任何事都不要讓孩子養成「過度」的習慣。

「消遣」的英文叫kill time，是指整天沒什麼事，因此放空心情，無所事事來空度時光。這也是偶一為之無妨，但如果天天在殺時間，這個人的人生沒有目標，就成了醉生夢死的行屍走肉。

人的一生大約才九百個月，一晃就過去了，凡是成功的人，都是能利用時間的人。陸游的詩說：「呼童不應自升火，待飯未來還讀書。」在等待飯熟的那一點時光還是可以讀些書。《菜根譚》也說：「天地有萬古，此身不再得，人生只百年，此日最易過。」要混日子是太簡單了，東摸摸、西摸摸，一天就過去了。陶淵明說得更好：「一日難再晨，歲月不待人。」再多的錢買不回昨天。因為人不是機器，

所以一定要休息，但應該做真正放鬆心情的休息，使明天的出發可以更有精神，如郊外踏青、登山遠眺，而不是無聊地殺時間，浪費自己的生命。

人不能預知未來，卻可以從別人的經驗中汲取教訓，若希望孩子將來是個成功的人，請養成他珍惜光陰的好習慣。

在學校裡，也要讓孩子好好吃飯

如何讓孩子在飲食中學習生活教育？

Bubu老師

不立基於生活，便無以成文化，
孩子的美感不能只靠參觀美術館、看藝術表演來培養，
好好吃飯就是很好的美感教育。
此外，幼兒在用餐的過程中有許多教育正在進行，
不應該以「允許玩」來做為「趕快吃」的鼓勵，
任何教育如果只求管理方便，就會失去教導的本質。

洪蘭老師

人受環境的影響很大，
桌上放瓶鮮花、鋪張桌布，擺好碗筷，吃相自然文雅起來；
拿著洗臉盆盛飯菜、蹲在地上吃，再好的菜餚都被糟蹋了。
請好好教導孩子吃飯的禮貌，並從中傳遞給他們美的概念，
要知道，他吃飯沒禮貌時，別人罵的不是他而是你，
用餐習慣是從小養成的，父母責無旁貸。

請問
洪蘭老師

教育就是老師不怕麻煩，想好好照顧學生的用意與過程

我的父親在四十幾年前曾在台東縣成功鎮擔任國中校長，記得學校第一次開辦營養午餐是在民國六十年，當時這份在校用餐的計畫讓全校師生都好興奮。地處東部偏鄉的成功鎮，居民中有靠山而居的原住民與靠捕魚為生的漁民，謀生都不易，而父親任職的國中已是當地最高學府，父親對於學校開始有能力照顧孩子的飲食，感到非常欣慰。也許是因為童年看過身邊大人的這種熱情，我覺得教育就是老師不怕麻煩，想好好照顧學生的用意與過程。

為了學校的營養午餐能順利辦理，不只是父親與幹部、老師，連眷屬也熱情參與其中，大家絞盡腦汁變化菜色，只為讓一餐的各種功能發揮最大的效益。在物質簡樸的四十幾年前，回想起身邊的大人為孩子所做的事，還是非常感動。一個托盤中所裝盛的，與其說是營養的均衡與集思的美味，毋寧說它更象徵出一個時代的長輩照顧下一代時，人同此心、心同此理的實踐。

現在的營養午餐，忽略了生活美感也不夠衛生安全

時間轉眼過了四十年，當我再看見孩子吃營養午餐時，真想用「一塌糊塗」來形容他們的用餐形式。我在許多學校看到孩子是拿一個便當盒或大不鏽鋼碗在打菜，不分主食與配菜，一樣一樣堆疊在一起，孩子們就趴在桌上翻攪、挑揀自己喜歡的東西吃。看到這樣的景象，我不禁想起整個社會的物質水準比起自己的童年時代不知進步多少，但學生用餐的生活水準卻退了整整一大步。

退步的不只是生活美感的忽略，還有安全的問題。比如說，很多小朋友都喜歡喝湯，如果湯是熱的，他們就必須提著便當盒的扣環，戰戰兢兢走動於講台與課桌之間；即使用餐時湯已涼了，也可能沿途潑灑，既不衛生也不安全。這些問題大家都視而不見，卻熱心討論比這些事更不容易實現的高標準，比如讓孩子自己設計菜單、不該吃基因改造的食物。

有一次，我問一群父母，想知道他們對這些狀況的感受，我說：「這種吃飯的方式讓我想起小狗狗！」家長都笑著點頭表示同感，露出他們也不想如此的表情，所以我再問：「那你們為什麼不反應？」我提醒他們，孩子的美感不能只靠參觀美術館、看畫展、看藝術表演來培養，好好吃飯不就是很好的美感教育嗎？不立基於

生活，便無以成文化。

讓孩子利用日常活動所需，學習常規教育與生活技能

現在的孩子在學校用餐時，面臨的不只是美感形式的問題，趕時間更是未曾改善的狀況。有位母親問我，她上幼稚園的女兒為了不想在學校吃飯而不肯上學，因為她吃飯很慢，但學校卻以「可以去遊樂場玩」做為趕快吃完的鼓勵。她的女兒因為太想跟小朋友一起玩，又擔心自己吃得慢，就更視吃飯為畏途，每天上學前都吵著不要在學校吃飯。母親為此而非常頭痛，也不知道要如何回應老師的要求。

我的想法是，幼兒在用餐的過程中有許多教育正在進行，不應該以「允許玩」來做為「趕快吃」的鼓勵。任何教育過程都一樣，如果只求管理方便，就會失去教導的本質。這位母親找我商量時，我想了一個辦法，用緞帶綁了一只可愛的湯匙，要媽媽交給那孩子，請她以後帶這只湯匙去學校吃飯，一口、一口專心吃，也許注意力能因此有所轉移與寄託，幫助她暫時忘了玩這件事。

一個多月後，我又見到這孩子的母親，於是問起湯匙的事，媽媽既高興又遺憾地說，那只被他們稱為「魔法湯匙」的餐具，有一天不小心被一位小朋友撥到地上

打斷了。這次我拿了一只木匙請媽媽轉送，也很高興我們所想的方法確實有效。

這兩件事反映出孩子的生活中有許多值得改善的部分，為什麼學校與家長不就這些實際的問題，雙方好好討論，並且付諸實行？尤其幼稚園是孩子學程中的第一站，也是時間上最寬裕的一個階段，洪蘭老師覺得幼稚園的學生是否應該利用日常生活所需（如每天自己做午餐、洗餐具、打掃……）來學習常規教育與生活技能，讓教育自然而然地達到內化的作用？

請家長參考羅勃・傅剛（Robert Fulghum）的這篇文章——**〈所有我應該知道的事，都是在幼稚園裡學會的〉**

All I Really Need to Know I Learned in Kindergarten[1]

All I really need to know about how to live and what to do and how to be I learned in kindergarten. Wisdom was not at the top of the graduate school mountain, but there in the sand pile at school.

These are the things I learned:

- Share everything.
- Play fair.

- Don't hit people.
- Put things back where you found them.
- Clean up your own mess.
- Don't take things that aren't yours.
- Say you're sorry when you hurt somebody.
- Wash your hands before you eat.
- Flush.
- Warm cookies and cold milk are good for you.
- Live a balanced life - learn some and think some and draw and paint and sing and dance and play and work every day some.
- Take a nap every afternoon.

---

1 "Credo" from ALL I REALLY NEED TO KNOW I LEARNED IN KINDERGARTEN: FIFTEENTH ANNIVERSARY EDITION RECONSIDERED, REVISED, & EXPANDED WITH TWENTY-FIVE NEW ESSAYS by Robert Fulghum, copyright © 1986, 1988, 2003 by Robert L. Fulghum. Used by permission of Ballantine Books, an imprint of Random House, a division of Random House LLC.

- When you go out in the world, watch out for traffic, hold hands and stick together.
- Be aware of wonder. Remember the little seed in the Styrofoam cup: the roots go down and the plant goes up and nobody really knows how or why, but we are all like that.
- Goldfish and hamsters and white mice and even the little seed in the Styrofoam cup - they all die. So do we.
- And then remember the Dick-and-Jane books and the first word you learned - the biggest word of all - LOOK.

Everything you need to know is in there somewhere. The Golden Rule and love and basic sanitation. Ecology and politics and equality and sane living.

Take any one of those items and extrapolate it into sophisticated adult terms and apply it to your family life or your work or government or your world and it holds true and clear and firm. Think what a better world it would be if we all - the whole world - had cookies and milk at about 3 o'clock in the afternoon and then lay down with our blankies for a nap. Or if all governments had as a basic policy to always put things back where they found them and to clean up their own mess.

And it is still true, no matter how old you are, when you go out in the world, it is best to hold hands and stick together.

所有我應該知道的事——如何生活、處事、為人的方法，都是在幼稚園裡學會的。智慧不存在於學術頂峰的研究所，而是在幼稚園的沙堆裡。

這些就是我學到的事情：

- 要和別人分享一切。
- 玩遊戲要公平。
- 不可以打人。
- 用完東西後要放回原處。
- 弄亂了東西要自己整理。
- 不是自己的東西不要拿。
- 冒犯了別人要說對不起。
- 吃東西前要洗手。
- 上廁所後要沖水。
- 熱餅乾和冰牛奶對身體有益。
- 過平衡的生活。要學習知識、也要動動大腦，畫圖、著色、唱歌、跳舞、遊戲和工作，每天都要做一些。
- 下午小睡片刻。

● 出門在外的時候，要注意交通，手牽手，大家一起走。

● 發現世界的奇妙。記得保麗龍杯裡的小種子：它往下扎根、朝上發芽，沒有人知道這如何發生、為什麼存在，但我們也是這樣生長。

● 金魚、倉鼠和小白鼠，甚至是保麗龍杯裡的小種子——它們都會死，我們也是一樣。

● 還要記得你讀過的書，以及你第一個學會的字，也是最重要的字——「看」。

所有你應該知道的一切，都能在某處發現——推己及人的同理心、愛、基本的衛生觀念、環境生態、政治、平等和明智健全的生活之道。

用其中任何一項道理去推敲複雜的成人事務，把它應用在你的家庭、職場、政府或是你生活的世界，始終都是真實、清楚而歷久不變。想一想，如果全世界的人們，下午三點左右都吃些餅乾、喝點牛奶，然後蓋上毯子躺下來小睡片刻，或是所有的政府都遵守一項基本政策——永遠把東西物歸原處，並且收拾自己製造出來的混亂，這世界會有多美好呢。

還有，這依然是真的——無論你長到幾歲，出門在外的時候，最好都要手牽手，大家一起走。

給Bubu的回應

飲食最容易顯現個人修養，也是中外教養最一致的觀點

《禮記》說：「夫禮之初，始諸飲食。」禮是一種美化的行為、和諧的秩序。三、四十年前，台灣的相親經常安排在餐廳舉行，一方面這裡是公眾場所，當事人見面比較不尷尬；另一方面，一個人的涵養和風度從吃飯中最能看出，雙方的父母親戚都能藉此機會鑑定一下未來媳婦、女婿的習慣和人品，而用餐的好習慣必須從小養成。

從小，母親就教育我們吃飯要端碗，以碗就口，不能以頭就碗。但是我們年紀小，無法領略這個重要性，飯廳又沒鏡子（這是後來母親存夠了錢，在飯廳牆上裝了一面大鏡子的原因），看不見自己的醜像，就會偷懶不想端碗。母親便帶我們到廚房後面的院子看動物怎麼進食，果然狗和貓都是以頭就碗，吃東西難看得很。母親就問：「你們要做人，還是要做動物？牠們沒有手，所以沒有選擇，你們是有選擇的，你們要做畜牲嗎？」看到了、了解了，從此吃飯自然就端碗。

飲食大概是最容易顯現一個人修養的地方，也是中外教養孩子最一致的觀點。

例如，中外都教孩子嘴裡有食物不要說話，現在更知道吃飯說話容易噎到，有時會出人命。因為食道和氣管是同一個開口，上面有個會厭軟骨，吃飯時它會把氣管的開口蓋住，讓食物安全進入食道；說話時，它則把食道蓋住，讓氣可以順利出來，使發音清楚。一邊吃飯、一邊說話，如果會厭軟骨的開合調配不好，讓食物進入氣管，那就糟了，異物進入肺會發炎的。所以孔子說：「食不言，寢不語。」

很多人都同意，吃飯出聲音、喝湯唏哩呼嚕是最討人厭的行為。有人辯稱這是日本的風俗，好，如果你在日本，那麼入境隨俗，你可以那樣；但我們是中國人，生活在台灣，中國人吃東西出聲音就是不禮貌，我媽媽以前帶我們去看豬的吃相就是這樣。

對吃相的講究、對食物的愛惜，也是生活中的美感教育

一九五四年有部電影叫「七對佳偶」（*Seven Brides for Seven Brothers*），這是一部拿過奧斯卡金像獎的歌舞片。八〇年代，我父母親剛來美國時，我們怕爸媽晚上有時差、睡不著，特地去租了這部片子給他們看，結果第二天早上，爸爸很委婉地說，美國人的吃法不適合我們中國人，你們不要學。我們聽了一頭霧水，一看之

下，才發現原來電影裡有一段七個兄弟狼吞虎嚥的劇情，不禁覺得好笑，我們怎麼會去學那種不文雅的吃相呢？水往低處流，人是往高處爬的呀！

那時我們都已經三十出頭，也拿到博士學位了，我姐姐在美國阿岡國家實驗室工作，我在教書，我妹妹在史丹佛大學做博士後研究，但父母還是不放心要叮嚀，可見當時的人對吃相的重視，那也正是Bubu老師的父親努力在台東推行營養午餐的時候。曾幾何時，對食物的不愛惜、對吃相的不重視，最重要是對禮儀的忽略，都成了見怪不怪的時尚，實在令人嘆息。

美是生活中非常重要的一環，管仲說：「衣食足而知榮辱。」美即是榮辱的表現。台灣現在豐衣足食了，為什麼美育還是那麼落後呢？粗魯的人，功課再好，在事業上還是走不遠，因為上不了檯面，見不得人。

幼稚園是孩子第一個正式的小社會、是啟蒙教育，孩子應該在這裡學會基本的禮儀。Bubu老師建議家長去看羅勃・傅剛所寫的*All I Really Need to Know I Learned in Kindergarten*，我也很贊同，這本書是一九八六年出版的，一直風行到現在，裡面所講的原則即使過了二十八年都很適用。例如在幼稚園中，我們要學習跟其他人分享，玩遊戲時要公平，不可以使鬼計暗算別人，不要打人，東西要放回原處，不要拿別人的東西，自己有錯要道歉，自己的行為自己負責，弄髒了要自己去清理乾淨，最重要的是過馬路時，要手牽手、大家一起走，左右看清楚。孩子如果在幼稚園中學會了這些基本的做人做事規則，在社會上絕對是無往不利。

大人不在意怎麼吃飯，孩子也難有良好的用餐習慣

台灣的孩子態度隨便，其實跟父母平日生活不注重美育也有關係。很多家境小康的人家，吃飯的環境常常是因陋就簡，飯桌上堆滿了其他雜物，只清理一小塊地方出來擺菜。最常看見的是「流水席」，飯菜煮好放在桌上，每個人回家後，自己拿碗添了端進房間去吃，一家人鮮少好好坐下來一起吃飯。中國人雖然說「民以食為天」，但廚房一定是家中最窄小陰暗的地方，忘記了那是媽媽每天花最多時間待著的場所，怎麼可以不明亮呢？家中即使有好的瓷器也捨不得拿出來用，怕孩子打破，其實器物就是要用，與其留著當古董，不如拿出來物盡其用，順便也教了孩子美的概念。

人受環境的影響很大，在柔和的燭光、漿挺的雪白桌布、精緻餐具映襯的餐廳中，吃相自然文雅起來；若是拿著洗臉盆盛菜、拿著塑膠碗盛飯、蹲在地上吃，再好的菜餚都被糟蹋了。古老家庭的外國人吃晚餐常要換上正式的服裝，我們雖然不

必如此講究，但打著赤膊、翹著羅漢腳、骨頭殘渣到處吐，也實在不雅觀。大人如果是這樣吃飯，就難怪孩子沒有良好的用餐習慣了。其實，桌上放一瓶鮮花，鋪張桌布，擺一下碗筷，那氣氛就完全不同。

我有位朋友搭飛機一定坐商務艙，她其實手頭並不寬裕，但因為有一次，她搭機從舊金山去紐約，在用餐時間，空中小姐用丟的方式，把她的午餐越過別人的頭丟過來（因為她坐窗邊，中間隔了兩個人），讓她非常生氣，以後她就寧可多花錢，吃飯時要有塊白布當桌巾，「像人一樣用餐」。她曾向當地的報紙投書抗議這件事，也引起很多人的共鳴，紛紛吐苦水，可見大家都認為**吃飯的禮儀代表著對人的尊重**，是不可省的。

請父母好好地教導孩子吃飯的禮貌，要知道，他吃飯沒禮貌時，別人罵的不是他，而是你，因為人生下來便要吃，這個習慣是從小養成的，父母責無旁貸。

家庭，是禮貌最好的啟蒙地與養成所

孩子的禮貌，只是適用於外人的應對之道？

Bubu老師

人品的建立、禮貌的教養，本應由內而外才能根深柢固。
如果你常抱怨孩子在外不肯跟人打招呼，應該先回頭檢視，
孩子在家是否主動道早安、睡前說晚安，
用餐前是否會招呼等候家人？
一個孩子如果在家都能自然、喜悅地執行生活禮貌，
外出就不會手足無措，要學打招呼也一定不難。

洪蘭老師

禮貌是「誠於中，形於外」的表現，
如果不是這樣，那種禮貌就是虛偽。
若孩子在家中對父母不禮貌，在外雖然暫時假裝有禮，
時間久了一定會露出馬腳。其實越是親近的人，
禮貌才更重要，因為維持一份關係最重要的是「敬」，
沒有尊敬，關係不會長久，父母是生養自己的人，更要尊敬。

請問
洪蘭老師

讓孩子先從家人的彼此敬重，再學習善待他人

現在的孩子對父母的態度多數都不夠好，而父母卻常把這種表現視為一種親子間獨有的信賴與放鬆。很多父母視禮貌為應付外界的約束，只會帶來疲憊，當孩子對自己態度不好時，他們不但希望別人對此不要有意見，還反而安慰自己說：「孩子在外面自己會調整，他們其實是很不錯的！」請問洪蘭老師同意這種想法嗎？如果父母這樣想，是不是會錯失應該給予的教導？

人品的建立、禮貌的教養本應由內而外才能根深柢固，如果在家做得很自然，外出就不會手足無措。我當了母親之後，希望孩子能快樂生活，不用因為外出而神經緊繃、特別表現，而我認為最好的方式，就是讓她們在家跟在外使用同一套禮貌標準，也讓孩子先從家人的彼此敬重做起，再學習善待他人。

現在，當我看到有些父母臨陣才一一要求孩子坐好、打招呼這些基本禮貌，或是在重要場合才進行監督，心中感覺很疑惑，難道父母已經不再珍惜經由家庭自然內化的教育過程了嗎？

請問洪蘭老師，大腦執行兩套標準與通用一套，何者輕鬆易行？判斷兩套標準是否會有錯亂的時候？這對孩子來說是一種好的教育嗎？

從家庭養成的禮貌教育，更容易從小處著力而深化

我相信家庭是基本禮貌最好的啟蒙地與養成所，因為父母通常比其他人更在乎孩子真正的利益，所以，了解禮貌是安身與處事基礎的父母，一定會更貫徹此中的教養。也因為基礎是從家庭打起的，所以孩子被教養的禮貌通常很細緻，涉及食、衣、住、行種種小節，是最自然有用的，也就是我們所謂的舉手投足。

曾有很多父母向我抱怨，他們的孩子在外都不肯跟人打招呼，這該如何教導？我自己也看過不少欠缺禮貌的孩子，大致來說，禮貌不夠還分為兩種。一種是因為害羞而無法自在地問答，這種狀況比較容易因應，孩子只需要加以鼓勵或用身教影響，慢慢一定能養成該有的禮貌。但另一種就需要家長與身邊大人多費心建立正確的價值了，比如說，一個十幾歲的孩子，與人相處時卻完全無視於他人的存在，不要說看到人不理、對主動的招呼也不回應，甚至在電梯裡旁若無人地大口吃東西、照鏡子、整理頭髮或大聲說話。他們所缺乏的並不只有招呼的禮貌，實際上是完全

不了解人際共處時的舉止分寸，包含小空間的音量、身體要有適當的距離（所以他們會在電梯裡對著鏡子揮舞、整理長髮，這不僅在空間上給他人造成麻煩，更不要說髮屑紛飛的衛生問題了）。這些都不是小節，因為所有認識不清的基本觀念，都會延伸形成更大範圍的影響。

為什麼我說家庭是教導與訓練禮貌最好的地方？如果你也是抱怨孩子在外不肯跟人打招呼的父母，應該先回頭檢視，孩子起床時是否主動地問早安、睡前是否道晚安，用餐或進食前是否會跟家人彼此招呼並等候？一個孩子如果在家都能自然、喜悅地禮貌生活，外出要學打招呼一定不難。

我的小女兒今年畢業後也開始工作了，因為不夠熟練中文應對的言語禮貌，我很關注她與人交談的語言，提醒她要留意細節，因為從前母親也是這樣教導我的。民國五十幾年的台東鄉下，我們住在父親學校提供的校長宿舍，也是鎮上通往海邊路上唯一有電話的家庭，鄰居若有急事，常會來借用電話。有一次，一位近鄰的伯伯借了電話，用閩南語大聲地對著聽筒說：「你是阿吉嗎？我是夏東山先生。」我記得那位伯伯離開之後，媽媽立即給我上了一課，一一為我解說稱謂的禮貌，讓我知道我們不會用「先生、小姐」來稱呼自己。我覺得那一課太有用了，此後在任何情況裡，我都會想起生活中說話的禮貌，用最合理的人際位置來思考稱謂的意義。

禮貌，也能表現一個人的友善態度和語言美感

禮貌也是一個人友善與美感的表現。我們與人萍水相逢時，往往就是倚賴禮貌來決定氣氛愉不愉快。還記得前不久與老師和田小姐去ＩＣ之音錄音，在電梯裡遇到一對推娃娃車的年輕夫妻，您一看到車裡的小寶寶，立刻對他的父母說：「你們的寶寶好可愛！」但對方同時都沒有回應，連表情都沒有。好不容易走到錄音室，我說：「這對父母的反應好奇怪，他們至少應該笑一下或說聲謝謝吧！」這時田小姐也說：「我也正想這麼說呢！」可見，沒有禮貌並不只是孩子的問題，如果越來越多的父母像這對年輕人一樣，那下一代的孩子會失去榜樣，社會的氣氛可能就更不夠友善了。

有禮貌才能讓大家相處時不感到尷尬，而注意細節可以培養語言的美感。比如說，小時候我們都被教導了該如何正確地使用「你、我、他」，但現在的孩子卻會指著長輩喊「你」，或指著爸爸對媽媽說「他」怎麼樣。更有些父母彼此提及子女時，用的是「你兒子」、「你女兒」，好像跟自己一點關係都沒有。父母如果不能體會這有什麼不適當，只要反過來想，你有兩個孩子，其中一個跟另一個說起你自己時用的是「你媽媽」而不是「媽媽」，就不難了解為什麼這種用法太粗糙。

也有很多父母說，時代改變了，這些禮貌都是枝微末節，沒有太大的意義。老師您認為呢？一個簡單的稱謂不也能看出成人給予教育時是否正本慎始，是否幫助孩子了解長幼有序之道？

給Bubu的回應

禮貌的品德是一種內隱的學習，惡補不來的

真誠是做人的第一個原則，在「真、善、美」中，真是第一個必要條件，不真就是虛偽，就談不上善與美。人一定要誠於中，方能形於外，若在家中對父母不禮貌，在外雖然暫時假裝有禮，時間久了，馬腳一定會露出來。品德是一種內隱的學習，補習不來的，任何人只有做自己才會快樂，每天假裝自己不是的那種人，日子會過得很辛苦。

我在研究所時有一位英國教授，他的祖母高攀嫁入比自己階級高的人家，他說他祖母一輩子不跟祖父出去應酬，因為怕她自己言語行為不得當，丟他祖父的臉。

他說英國階級分明，即使在二十世紀初，都還有明顯的階級之分，那麼，怎麼知道這個人是上層階級的人呢？主要是看他的言語談吐和舉手投足的風度，而這是從小在家庭中的教養。他舉柴契爾夫人為例，雖然她做到英國首相，念過最好的大學，但他們這些貴族後裔仍然能從她的言語之間，知道她是來自中產階級的商人家庭。他的話讓我很吃驚，原來父母在家中的行為竟有這麼大的影響力，能左右孩子在外的行為。

所以，父母不可以認為孩子在家中放肆，出外就會好。同時，父母是生養自己的人，對父母大小聲、說話不禮貌，真是忘恩負義的行為。我父親從不允許我們對長輩不禮貌，就算擺臉色也不准，他常說飲水思源，沒有父母就沒有今天的你，而「百善孝為先」，一個人若對父母不孝，也不可能對國家盡忠、對朋友有義。

人在說謊時，要比說真話動用更多大腦的資源

在實驗上，我們看到人在說謊時，會用到比說真話時更多的大腦資源。因為說了謊話就必須繼續說，才不會露出馬腳，所以大腦要花很多的資源去記得你曾經對什麼人講過什麼話；但是如果說實話，因為只有一個版本，就不必花腦力去記。人

是比較喜歡說實話的，因為大腦很懶，它希望用最少的力氣就可以過一天（這是諾貝爾獎得主卡納曼〔Daniel Kahneman〕的名言）。

我們也的確在實驗中看到，大腦前額葉皮質在說真話和說假話時的血流量各有不同。所以人如果有選擇，他會講真話；通常是被逼急了，才會用謊話來脫身。但反社會人格的人是例外，他們說謊欺騙是家常便飯，毫不覺得內疚，實驗發現，他們在所謂「道德的腦」這個大腦部位有缺失，所以把說謊欺騙視為稀鬆平常。

不要小看稱呼，它展現的是你對孩子的教養

對人的稱呼也是教養的一種，我父親非常在意我們的應對進退，他很怕人家說「洪福增的女兒沒有教養」。我母親也會像Bubu老師的母親一樣，我們一做錯事，就馬上告訴我們為什麼剛剛的行為是不對的。她教我們要謙稱自己、恭稱別人的禮儀，因為母親生長在福州，福州為八閩之地，很講究古禮，有教養的人都謙稱自己為「奴」。所以，我對現在的人稱呼自己的先生、太太為「老公、老婆」覺得很刺耳，兩岸剛開放時，對大陸人稱自己太太為「夫人」更感到驚訝，因為那是對上級長官眷屬的尊稱。雖然不必謙虛到稱自己的太太為「賤內、拙荊」，但稱「夫

人」又太不恰當，我倒覺得台語的「牽手」很溫馨，有那種白頭偕老的感覺。父母親不要小看稱呼，它展現出的是你對孩子的教養。

我們可以讓孩子在家裡隨意一點，但是在外面一定要莊重，不然人家會以為你的孩子沒有家教。但是不管在家或在外，核心的禮貌並不因此而有所不同，因為它是一種「誠於中，形於外」的表現，如果不是這樣，那種禮貌就是虛偽。其實，越是親近的人，禮貌才更重要，因為維持一份關係最重要的是「敬」，沒有尊敬，關係不會長久，對父母更要敬，孔子說：「不敬，何以別乎？」

蹲下來跟孩子說話，從他的角度看出去

如何和孩子用語言好好溝通？

Bubu老師

父母對孩子說話，不需要擔心自己口才好不好。
我們經常誤會孩子，並不是因為自己話說得不夠好，
而是眼睛看得不夠仔細、心不夠體貼所造成的錯誤。
要與孩子順利溝通，不要對方法有迷思，
只要用心了解孩子有限的經驗與他所處的狀況，
也要想辦法讓他了解我們的要求與期待。

洪蘭老師

很多大人看到孩子伶牙俐齒，就以為他什麼都懂，
其實大人若用了他們不曾聽過的字或句法，
他們還是很疑惑，只是不會問，
這時大人要改變問句的形式，盡量用孩子能懂的句法。
做個好父母，請記得一定要蹲下來跟孩子講話，
從他的角度看出去，才會明瞭他為什麼有這個反應。

請問
洪蘭老師

特別懂得跟孩子說話的人，誠懇是最重要的關鍵

有些成人很懂得跟孩子溝通，有些人對孩子說話則很僵硬。如果仔細分析特別懂得跟孩子說話的人，都不難察覺誠懇是最重要的關鍵。只有真正想要聽懂與說動的時候，我們才會設身處地、主動去推想對方是否正確接收到我們所傳遞的訊息。

天下的父母都希望孩子能「聽話」，我認為父母天生有愛，絕沒有要欺負自己孩子的意思，只是因為不懂得好好傳達，就把希望「你聽懂我話中道理」的本意，逼成了「我說了算」的口氣。再加上操弄教育的人以此大做文章，硬把經驗傳承與施加威權緊緊相連，把肯聽從長輩指導的孩子說成屈從於命令、沒有主見，這種種影響使得更多父母師長不只不敢希望孩子好好聽他們說話，連最根本的紀律與做人道理都不敢開口教導了。

我心目中有個很會對孩子說話的父親，他是一百多年前的梁啟超先生。我曾在一篇推薦序中分析他給孩子寫的家書有三種打動我的角度，在這裡節錄其中關於「語言」的角度：

我很喜歡梁啟超先生對孩子說話的語言與口氣，有親暱有嚴屬，有大方向有小細節。我認為他之所以能在教育孩子上如此自如，是因為把教育放在一致的價值觀上思考細節，因此「期待」與「不捨」不自相矛盾。什麼時候鼓勵孩子為堅持信念而吃苦，什麼時候又不捨得他們白吃苦，他都可以在或重或輕的說話中清楚地表達自己的思考。我只能說，父母表達自己如果能達到梁啟超先生的境界，「愛」對於我們的滋潤就真正寬廣了。

父母對孩子說話，不需要擔心自己口才好不好。我們跟孩子之間有誤會，並不是因為話說得不夠好，而是因為眼睛看得不夠仔細、心不夠體貼所造成的錯誤。要與孩子順利溝通，不要對方法有迷思，只要用心了解孩子有限的經驗與他所身處的狀況，也要想辦法讓他了解我們的要求與期待。

我們在問題中使用的語言，孩子真的了解嗎？

有位年輕朋友跟我說，她四歲的姪女很偏食，課後的點心只吃菠蘿麵包和鹽酥雞，我聽了之後問了她一些細節，比如說，媽媽去接她下課時，是以哪一種方式得知孩子想吃的點心。果然，孩子的答案確實是從母親所給的選項中擇一而出。起先母親並沒有注意到自己答案的局限性，多次之後，發現即使不給孩子選項，這兩樣東西也成了她最常回覆的答案。

與孩子問答的時候，我通常關注兩件事：

首先，我在問題中使用的語言，孩子真的了解嗎？

如果在第一次提問後發現他們面露疑惑的表情，我就絕不再重說同樣的話，而是改用另一種說法。在轉換用語時，我也隨即會確認語句中是否有任何資訊，是對我來說理所當然，但對孩子來說可能陌生難懂的。

記得三十年前，我的姐姐和我坐在家中陪伴她一歲多的女兒玩。孩子當時很愛走路，但還不會說話，我們姐妹倆一邊聊天、一邊陪她玩遊戲，差遣她去屋裡的一個角落拿個東西給我們，再去另一個房間找她的玩具出來。孩子很聰明，都一一拿對了！後來，姐姐對孩子說：「時時，去冰箱拿橘子給媽媽和阿姨吃。」我看到小外甥女聽完話之後，快步地跑到冰箱旁，舉高手、搭著扶手拉開冰箱看了看，接著卻關上冰箱無功而返。我們以為她沒聽懂，又交代一次，孩子聽完又興奮地咚咚咚走去開冰箱，再往裡面看了看，關門又走了回來。

大姐疑惑了一下，喃喃自語說：難道我沒有把橘子放進冰箱嗎？當姐姐確認東西是在冰箱之後，突然想起這是今年第一次買橘子，對女兒來說，也是指事認物後第一次看到和聽說橘子！但因為橘子對我們來說是如此熟悉，所以我們都沒有在第一時間想到，孩子空手而回其實是最正常的反應。

我舉的例子雖是發生在年齡很小的孩子身上，但無論哪一個階段，跟孩子相處總有類似的問題存在，「你怎麼會連這種事都不知道」成了大人經常動怒的原因。

我想聽聽洪蘭老師的意見，您認為父母該如何調整這種因為經驗不同而產生的誤會？您是否也覺得，成人有責任先就聽話對象的經驗來確認他們理解事物的能力，這樣才能慢慢增進親子之間溝通的品質？

問而不答，是沒有能力回答還是不肯反應？

以上說的是「問」的部分，另外，我也會注意：孩子有沒有能力回答？

通常，一個孩子如果在回答問題時有困難，會出現幾種態度：

一、尷尬地顧左右而言他或胡言亂語。

二、當作沒聽到、不回答。

不過，這些情況都還可以確定他們有聽到，所以我希望自己能主動幫助完成溝通，讓孩子學習更正確地提問、更精準地回答。

最頭痛的是，現在有很多孩子習慣問而不答，甚至無法從表情上判斷他們的感受。據我了解，雖然親師兩方對此都深有同感，卻沒有作為。在教學上，問而不答已經造成很大的資源浪費，本來可以一次解決的問題，卻因為受教者不回應而停在原點，得花時間幾次確認後才能再往前；其次，互動不良的情況也會影響教學氣氛和學習的熱忱。

因為感覺到這種狀況太嚴重，我開始更仔細地觀察社會上親子與師生的相處，其實有很多父母或師長，自己並沒有做到在第一時間好好答覆的榜樣。所以，我能不能以此推論，孩子的問而不答是一種身教的影響？洪蘭老師是如何看待這個問題？一個人為什麼會對外界沒有了反應？他的大腦到底出了什麼問題？親師又應該如何注意這方面的教導？

指導、拒絕或禁止，都要用更具體的解釋來傳達

所有孩子都不喜歡被責難或受訓誨，但多數人卻在聽訓中長大。成人因為有照料與管教的責任，所以日常生活中，總需要拒絕、糾正或指導孩子，到底該怎麼說話才能讓孩子輕易聽懂，應該是許多父母老師的願望與功課。

我曾看過一部以蒙古為背景的電影，覺得故事中大人對孩子說話的方式真好，說服與解釋原來可以這麼進行，很值得參考。電影中的小女孩替母親去放羊時，撿到了一隻走失的小黃狗，她好喜歡，很想養，但她知道父親絕不允許，所以偷偷把小狗藏在羊群中，等父親出門才帶出來。小女孩的母親看見孩子的心思，也知道逐水草而居的生活條件不允許他們養隻狗，有一天，她趁著與孩子一起做乳酪時，跟孩子談起小狗的事，要女兒把狗送回洞中。

孩子抱怨說，小狗這麼可愛，你們卻不要牠，好壞！媽媽說，不是可不可愛的問題，她放下正與孩子一起切割的乳酪塊，對女兒說：「放下東西，把妳的手往後彎，用嘴巴咬，看妳能不能咬到手掌心？」

孩子咬了好幾次，總是咬不到，她笑了起來，媽媽鼓勵她說：「再試試！」幾次之後，孩子知道真的咬不到，母親這才轉入自己想教導的正題，她說：「妳看，連近在眼前的東西妳都有得不到的時候，所以，我們不能看得到的東西都想要。」之後，女孩還是每天帶著狗去放羊，但她在水邊獨自一人的時候，會彎起手掌試著咬，一邊想著母親的話。

這故事讓我想起類似的一件事。我曾在超市看到一個孩子要母親買樣東西，只聽到媽媽怒聲對孩子喝斥：「你以為我們是有錢人嗎？你以為我們買得起嗎？」在旁邊聽到這些話時，我覺得很難受，要孩子放棄一個想望並不殘忍，但這樣的說法就很粗暴。**在結果無可商量的局限下，父母仍然可以選擇較好的方式，來表達自己的堅持。**

執行照料與管教之責，必須心平氣和但直話直說

電影中還有一段對話也很好。小女孩走失了，被另一個蒙古包的老奶奶收留，老奶奶講了一個小狗的故事給孩子聽，孩子聽得津津有味之後，問了一個很深奧的問題：「下一輩子要轉世當人很難嗎？」老奶奶並沒有直接回答孩子「難」或「不難」，她拿起一隻針、抓起一把米，把米從空中往針尖上撒。接著她要孩子也學著這麼做，並交代說：「如果有米粒站在針尖上，就告訴我！」孩子高興地來來回回試了又試，總不見一粒米能被針尖扎住。就在她輕聲嘆道「好難喔！根本不可能」時，老奶奶說：「要轉世為人就是這麼難，所以我們的生命才這麼寶貴。」

看到這一段，我覺得很有感觸，「難」這個字要解釋真是不容易，但透過一件真正顯示困難的事情，「難」就變成「可以被了解」的觀念。也許，我們與孩子溝通的時候，無論是指導、解釋、拒絕或禁止，都應該想辦法讓他們從更具體的事物

或現象，來了解我們所要傳達的意思。

成人帶著情緒、語焉不詳地與孩子對話最不好。有一次，我在公共廁所聽到一個母親高聲問道：「你在裡面做什麼？」「尿尿。」孩子回答。那母親說：「你最好是！」我一直想不通這樣的語氣與用詞到底代表什麼意思，但如果我是那孩子，應該會感覺自己受到某種懷疑或威脅，而類似的曖昧溝通，生活中十分常見。不適當的用辭也是孩子學習溝通的阻礙，我曾在一所小學的廁所看到校方張貼的紙條上寫著：「上廁所後不沖水，天理不容。」學校是教導表達的場合，應該更注意適當的遣詞用字，因為孩子總會在不知不覺中受到影響。

如果父母要孩子相信執行照料與管教有應守的原則，我們得心平氣和但直話直說，**語意若是不明確，很容易引發孩子想要探索他們的行為被容忍的極限**。我最常聽到在公共場所裡，父母親想制止孩子，卻沒有真正的作為，他們總是先低聲對孩子說：「下來！」或「不准摸！」一次、兩次之後，聲音越提越高，直到最後化為一聲足以影響環境的怒吼或一記巴掌才有效。但環境已被踐踏、貨品已被撥亂，父母又被投以異樣的眼光，徒增尷尬。所以，父母的用詞與語氣如果不能與行動相輔相成，教養的工作一定事倍功半。

給Bubu的回應

母語的學習，聽比說早熟，而且需要時間摸索

說話是藝術，雖然每個人都會說話，但說得好、說不好差別很大。在犯罪心理學上有個很有趣的現象，即問話的方式可以導致他想要的答案。比如問：「他很高嗎？」這句話是中性的，可以回答是或不是，不帶任何暗示；但是問「他很矮嗎？」這句話就有負面的含義，意指這個人很矮。所以法庭上不允許提出引導答案性的問句（leading question），它會入人於罪，這一點要非常小心。

問話的技巧即使在家中也很重要。有個媽媽喜歡問孩子：「今天在學校，肚子有沒有痛？」孩子本來不痛，媽媽問多了，便覺得應該要痛，後來碰到考試或不想上體育課，就用肚子痛當藉口。老師一直到家庭訪問時，才知道這孩子早產，小時候夜裡常因肚子脹氣痛得哭起來，所以媽媽就養成了每天問他肚子痛不痛的習慣。

在大腦發展上，聽的機制比說的機制早熟，即大腦中主管語言理解的威尼基區（Wernicke's area）比控制舌頭嘴唇發音的布羅卡區（Broca's area）早熟，所以**孩子常常是聽得懂，卻說不出口**。成熟是緩慢的，它需要時間，孩子每天都在長大，加上進了幼兒園，有跟別人溝通的需要時，語言能力便會突飛猛進，在孩子小的時候，前後一個月的差別是很大的。

很多大人看到孩子伶牙俐齒，就以為他什麼都懂，其實大人如果用了他們不曾聽過的字或句法，他們還是很疑惑，只是不會問。我從來不曾聽過孩子說：「我不懂，請你再講一遍。」都是假裝懂，揣摩大人的意思來回答。**孩子不會問，是因為母語的學習是trial and error，從嘗試中學習**。聽到不會的，大腦便去猜它可能是什麼，在腦海中形成幾個假設，然後逐漸把不對的假設剔除，所以他們不會想到去問、或請別人再說一次，因為這不是他們學習的方式。如果選對了，他就學會了這個字的意義；如果不對，他會在第二次聽到這個字時，猜另一個可能的意思，直到對了為止。這是一個非常powerful的學習方式，也是為什麼母語使用者都是會說，卻講不出它的文法規則，因為母語的學習不是像第二語言那樣從文法著手的。

所以，這個時候最好的方法，就是像Bubu老師一樣，**換一個方式來問，而不是重複同樣的句子**。要知道，孩子不是聽不見，而是聽不懂。很多父母分不清這個區別，大聲地把問句再重說一次，這反而會使孩子害怕（怕被罵「怎麼這麼笨，聽不懂？」）下次當孩子面露疑惑時，請記住，母語的學習是靠摸索的，他在摸索，所以請給他時間，耐心地等待他學會。

很多時候孩子是不知道你在問什麼，而不是不懂

另一個孩子不是不懂，只是不知你在問什麼的好例子，是皮亞傑（Jean Piaget）的守恆（conservation）實驗。皮亞傑用五顆彈珠在桌上排成一行，又用五顆排成另一行，但把間距拉大，讓它看起來比較長；接著他再把第六顆彈珠放到第一行上，然後問孩子：哪一行比較多？結果六歲以下的孩子會指第二行。皮亞傑便下結論說，具體操作期以前的孩子沒有守恆的概念，但事實並非如此。

一九八九年，加州大學洛杉磯校區（UCLA）的心理學教授蓋爾曼（R. Gelman）重做這個實驗，她用五顆巧克力糖排成一行，再拿五顆巧克力糖排成第二行，但是把間距拉大，讓它看起來比較長，就跟上述實驗一樣。然後她把第六顆巧克力糖放在第一行，但她不問哪個長哪個短、也不問哪個多哪個少，而是跟小朋友說：「你只能選一行拿。」結果兩歲半的孩子就知道選第一行多吃一顆。所以，很多時候孩子是不知道你在問什麼，而不是不懂，這時大人要改變問句的形式，盡量用孩子能懂的句法。

學校的考試也經常犯同樣的錯誤。小學二年級下學期教的是整數的概念，而考試題目從我念小學到現在都是：「小於一百的最大整數是什麼？」對七歲的孩子來

說，「小於什麼，又最大什麼」，很不容易懂。有一次，有個本身也是小學老師的媽媽在家裡教她的老二，孩子聽不懂，母親便發怒了，「我是老師怎麼會教不好？你不會，那一定是你沒有用心聽。」便叫老大拿棍子來，說「打了就會」。老大很好，馬上跑過來幫忙，跟弟弟說：「媽媽要給你一個紅包，裡面多少錢你自己決定，但是不能超過一百元，那你要多少？」弟弟毫不猶豫地就說：「九十九元。」

有時很感嘆，人類都上月球了，大人的觀念仍然沒有變，還是有很多父母認為孩子打了就會。所以做個好父母，請記得一定要蹲下來跟孩子講話，從他的角度看出去，才會明瞭他為什麼有這個反應。有時孩子個頭矮，看不見櫃子頂上的東西，他說沒有時，不要罵他：「瞎子，明明有，為什麼看不見。」**孩子做錯事，他會接受懲罰，他不接受的是冤枉**，兩歲半的孩子受了冤枉，就會哭個不停了。

先確定孩子了解你說話的情境，而且不要給太多選擇

聆聽別人說話，其實是件很困難的事，因為每個人心中都已有自己的定見，如果對方跟你不在同一條線上，那麼真的是雞同鴨講，尤其中文的同音字又多，更易出錯。有一次，作家黃春明、我以及兩個朋友在渡輪上閒聊，黃春明說水手穿喇叭

褲，是因為棄船時褲子容易脫落，不會黏在身上妨礙游泳。我聽的是「棄船」，所以沒問題；另外兩個朋友聽成「氣喘」，就問：「氣喘為什麼要脫褲子？這跟水手有什麼關係？」這種情況其實每天都在發生。

所以，大人跟孩子說話時，先要確定他了解你說話的「情境」（context），當他不懂你在說什麼時，先不要發火，把問題想一下，可能是哪裡出錯，解釋給他聽。不要給孩子很多選擇，**如果他選了，後來又不要時，先看一下是否名字和物件的配對還未連接好**。

例如，我姐姐的孩子小時候分不清楚「姥姥」家和「奶奶」家的音，我母親家有狗、也有貓，他喜歡來；奶奶家只有兩個老人，他不喜歡去。有一次孩子以為去姥姥家，歡天喜地上了車，結果發現是去奶奶家便大哭，吵著要下車。姐夫大怒，把車子停在路邊吼著說：「明明是你自己選的，現在又說不要。」其實孩子不會隨便發脾氣，他是發現他要的跟預期的不一樣，又說不出來為什麼明明是去姥姥家，現在卻變成去奶奶家，所以才會大哭。大人只要設身處地想一想，便知道問題出在哪裡，也不會生氣了。

至於問而不答，是極端不禮貌的行為，一般父母是不允許孩子如此放肆的。當然孩子的行為來自模仿，如果父母相敬如賓，孩子也就學不到這個壞習慣。老師問，學生不答，老師要追究不回答的原因，是不知道答案、還是瞧不起老師不願答，但無論如何絕對不要因不想答（不理睬）而放過學生，做老師的有教導他正確態度的責任。今天孩子的行為有很多源自我們大人，如果大人不檢討自己，也就難怪孩子不禮貌了。

把賺錢給孩子的時間，改用來耐心跟他說道理

沒有人喜歡聽訓，跟孩子講道理時，不要先板起面孔，一付山雨欲來風滿樓的樣子，也不要說：「你過來，媽想跟你說句話。」通常孩子一聽到這種話馬上會恐懼。從過去的經驗中，他知道準沒好事，就會想辦法找藉口逃避、或把耳朵關掉，在心裡說：「我不要聽，我不要聽……」這時，大人的話都還沒說出口，功效已經減少一半了。所以，最好的方法是在睡覺前，把白天處罰他的道理編成床邊故事，講給他聽，像是「從前有隻大野狼……」，他一開始不知道你在編派他，等他發覺時，故事已講完，道理已進入他心中，這時再把白天的事拿出來分析，他就知道為什麼下次不可以做了。

很多父母覺得自己很忙，沒有「美國時間」跟孩子講道理，直接拿棍子打一

頓，行為照樣會消失，又快又有效。但行為雖然一樣消失，背後引發的機制卻不同。一個是心悅誠服，孩子為了不讓你傷心、難過和失望，而自己決定不要做；另一個是為了怕打而不敢做，你一不在，沒有被打的威脅時，壞行為就又出現了。

所以，從長遠看來，花時間跟孩子講道理是必須的，尤其父母生兒育女都是希望把自己的基因傳下去，孩子不成材，自己的一生等於白過（演化對成功的定義是基因傳下去的成功率），錢賺得再多又有什麼意義呢？不如把賺錢給孩子買洋房、汽車的時間和心力拿來用在孩子身上，玉不琢，不成器；人不學，不知義。在演化上，只有子代比親代更好時，才是成功；也就是說，青出於藍還不夠，必須更勝於藍時，在演化上，你才是成功。

用優良正確的語言，做孩子的溝通榜樣

如何讓孩子學習說話的禮貌與美感？

Bubu老師

孩子們說話，都是先模仿身邊環境的用詞與表達方式，但並不知道這些說法是否正確。我們應該幫助孩子了解，可以傳達同一種心思的話語有好多種，慎選一種能同時正確傳達意義與情感的用詞，契入對方的內心，就是語言的素養，也是小朋友正需要吸收的經驗。

洪蘭老師

良好的說話方式需要有榜樣依循，我小時候跟母親去走親戚，回來後母親會檢討我應對時說話的方式，並教我如何用更委婉的詞句去表達拒絕之意。此外，父母也會告訴我們，不禮貌的說話方式，只是反映出自己的粗俗，一點也不能傷害到對方。

請問
洪蘭老師

「分際失守」的缺失，同樣反映在言語的教導上

在討論教育問題時，大家經常提起上一代的缺失，比如說，只准聽不准說的威權、或父母對孩子講話用詞嚴厲。但是，當教養方式過度修正之後，父母一方面把經驗不足的孩子提升到他們本不該有的人際位置（比如說，事無大小都要先問過孩子的意見），另一方面又把自己本來應該為孩子做示範的標準降低到跟他們一樣。我們很少檢討這個分際失守、口無遮攔的時代在言語教導上的缺失。

台灣的父母越來越重視「語言教育」，小朋友早早已在學習第二外國語，但是要求多學幾種語言的家庭，卻並不一定重視平日的言談教養。另一方面，兒童比過去更早接觸複雜的外界，大環境言談素質下降，連過去最重視品質的傳播系統都不再對自己的發言負起職業責任，孩子聽學幾年，談吐隨著改變，他們甚至認為，粗魯可以證明彼此親近的程度，搞笑或尖酸刻薄能引起注意，低俗成為贏得認同的表達方式。

原本外界環境雖是一股影響，家庭仍是最後的把關地，但如今也有很多父母認為，「家」應該是讓孩子放鬆的地方，講話客氣是見外，於是從小就給了孩子兩套應對人際的標準。有一次我跟一對親子一起工作，孩子右轉對我說話時是客氣有禮的，左轉對母親說話卻粗糙蠻橫，這種態度與用詞的差異因為同存於一個時空中，更讓人看到問題的所在。我對孩子說了一句話，他其實很快就明白，教導也並不費力。我說：「凱文，你不會對Bubu阿姨說的話，就不可以對媽媽說。」只要讓這個小二的孩子了解，他的媽媽和我對他來說是一樣的，我們是「長輩」，他必須以同樣的禮貌跟我們溝通。

未能及時的指正提醒，將導致未來的難堪評價

我曾看過一個言語失教的孩子長大受苦。這小女孩小時候說話無禮時，父母老是在別人面前說她是「可愛直率、不做作」、「很天真，有什麼說什麼」；成長期間，說話的方式、音量都沒有陶養，出社會後，身邊的朋友就更不敢提醒指正了。現在，換成她的父母常在別人面前既遺憾又抱歉地說：「我的女兒就是這麼粗魯，不過，她就是傻大姐，心地非常善良。」有一次，她的父親因為心情很不好，又聽到女兒說話無禮不中聽，竟在大家面前就破口大罵起孩子，讓朋友都很尷尬。

父母一定要深思，有些教導在童年執行並不算嚴格，但如果施教於應該具備常識的年齡，將會顯得非常難堪，這就是父母應該替孩子考慮的事。即使有些難堪父母從頭到尾都不捨得給，但其他人不一定會替孩子考慮那麼多，這時他所受到的已不叫「指正」而是一種「評價」了，那才是嚴重的傷害。話說回來，孩子如果從小用的是同一種禮貌面對生活，無需因人因環境調整態度，這不是更愉快嗎？

為什麼我們要把說話有禮當成是一種違背人性喜好的負擔呢？我只聽過有人說話不得體或阿諛、不誠懇而引人不快，還沒有聽說好好說話使人討厭的。當我們批評某一國、某一地的水準不夠時，用的不也是「粗言糙語」、「嘔啞嘈雜難為聽」這一類的形容嗎？可見言談有禮是很重要的。

大人的「言」教，是培育孩子說話素質的重要養分

至於孩子們說話，都是先模仿身邊環境的用詞與表達方式，但他們並不知道這些說法是否正確。如果我們聽到孩子說話有任何不當，除了主動告訴他們此處不對之外，還要同時指出怎麼說會更好，日常的句型與應用會慢慢累積成他們自如的談吐。

比如，我曾經跟一位朋友說，到別人家作客，主人問東西好不好吃時，連「還好」都不應該用，更別提現在流行從閩南語直接翻用的「不錯吃」。請幫助孩子了解，可以傳達同一種心思的話語有好多種，慎選一種能同時正確傳達意義與情感的用詞，契入對方的內心，就是語言的素養，也是小朋友正需要吸收的經驗。

現在的大人為了對孩子表示親切而忘了語言的身教，經常是用語輕佻，有失輩分倫理，這種示範所帶給孩子的影響快速而深刻，讓人十分擔心。語言教育是多方面素養的集合，有時用詞雖無錯誤，但氣氛或角度不對，傳達的訊息也跟著失真。孩子唯有從優良正確的話語中才能涵養出真心誠意的表達方式，因此我們不得不從每一個教育與社會的現場，都灌輸給孩子營養。

在我們童年的時候，常聽到成人教導我們說話時，用「好聽一句，難聽也是一句」來強調開口不要語帶輕薄或惡言、要重視別人的感受。如今，說話藝術慢慢地消失在日常生活裡，也許孩子是從大人自己的話語中，誤以為胡言亂語很可愛。

雖然目前語言的大環境與過去各有著不同的缺失，但影響孩子言談最主要的兩大力量，我想還是家庭與學校，父母與老師應該都有所堅持，並教導正確的溝通形式。洪蘭老師認為，現在的孩子難道不能像您與我這個時代的人一樣，在說話時自覺地想到他人的感受與美感嗎？

學習尊重，要從生活中好好應對教起

好好說話是學習尊重最好的開始，這種美感得從生活應對教起。我想舉幾個孩子日常對話的缺失，來說明細微之處的重要。

小朋友在廚房工作，一個孩子問另一個說：「這個夾子要放在這裡嗎？」原本很簡單的「是」或「不是」，在孩子口中卻變成了充滿挑釁的「要不然咧！」一個姐姐跟妹妹說：「妳把這個盆子拿去廚房放。」我聽到的答案不是「好」或「不行」，而是：「為什麼一定是我？」另一位小朋友在做午餐時問我：「我可以不要吃肉嗎？」一個孩子就好奇地問：「為什麼你不吃肉？我最愛吃肉了。」「我會吐！難道你一定要看到我吃完以後吐給你看嗎？」

這些話都說得很流利，聽起來卻讓人不開心。我也常提醒孩子「爽」字與「不錯」不該隨便用，「好嗯」則是根本不該用，而用「像一坨大便」來形容眼前的食物，對聽話的人更是非常沒有禮貌的。

還有像是「你怎麼不去死啦」、「你很賤呢！」以前只有咒罵與不敬之意，現在竟然是推心置腹的友好用語。這讓我想到，從前沒有受過教育的人也常會用粗糙的話來反襯相處的趣味，如太太稱先生為「凸肚短命」或「死人骨頭」。我很擔心現在的孩子在還沒有吸收好的語言營養之前，先積養了不良的習慣。我們常引荀子的話說：「蓬生麻中，不扶而直。」論起語言素養，成人的責任莫甚於此。

為什麼粗糙的語言特別容易吸引孩子？想請問洪蘭老師，這是否跟他們接觸新詞時的情境有關？孩子在課堂上學到的「生死」或引申為「結束」的用語是「過世、辭世、易簀」，但他們喜歡的卻是「嗝屁」這類的語詞。一顆蛋煎壞了，只要有人說：「我的蛋嗝屁了。」立刻像傳染病一樣，每個孩子都興奮地跟著學用；連清清秀秀的小女生也會說出「好賤」、「噁爛」這麼難聽的話。這是因為人的大腦喜歡一片輕鬆嘻鬧時聽到的話語嗎？為什麼粗言跟壞朋友一樣，都比較有拉力？

父母師長不要只批評大環境變壞，自己是否謹言慎行，每天都在影響孩子。有個幼稚園大班的孩子在我的課上非常調皮，他對我宣告：「我的老師說我什麼事都有自己的想法，她從來沒見過意見這麼多的孩子。老師說，有時候她都不想『搞』我了。」下課時，我提醒父母，一定要跟老師討論這種不當的言談教育。

洪蘭老師認為說話該如何教呢，好的說法與不好的說法是否都該讓孩子了解？此外，父母常常同意伶牙俐齒逞口舌之快的孩子是反應敏捷，在問而不答的不足與出言不遜的太過之間，親師雙方該如何努力？

給Bubu
的回應

隨時利用機會，提點孩子應對說話的禮節

良好的說話方式需要有榜樣依循。我小時候跟母親去走親戚，回來後，母親會檢討我應對時說話的方式，並教我如何用更委婉的詞句（其實就是white lie「善意的謊言」）去表達拒絕之意。因為別人家的飯菜再怎麼難吃都要誠心地道謝，然後說：「我昨天吃壞了肚子，今天得少吃一些，阿姨，謝謝您，是我沒口福。」絕對不能說出會傷人心的話。由於家裡的小孩多，母親是輪流帶我們出去做客，但回家的檢討則是大家一起聽的，因為母親說，老二會犯錯，想來老三也會，所以集中起來一次教。

我母親很不喜歡伶牙俐嘴的人，常說這種人不忠厚，而不忠厚的人在我們家是拒絕往來戶名單上第一名。母親要我們「話到舌邊留半句」，先想一想：講出來有沒有傷到人？如果沒有，才可以說。父親則說：「你不能從說中學到任何東西。」要我們多聽少說，少說當然也就比較不容易闖禍。

孩子對長輩的禮貌，不論在什麼社會都不可以忽略。父母問，不可以不答；父母叫，不可以不應。《弟子規》說：「父母呼，應勿緩，父母命，行勿懶。」這是為人子女最基本的禮貌，父母不可因溺愛而姑息養奸，應對進退的態度不佳將會阻礙孩子往後在職場上的升遷，也使他交不到好朋友，父母要在孩子很小的時候，就讓他們養成好習慣。

語言代表著心境，罵髒話代表心也是髒的

這一世代孩子說話的庸俗，不知是否跟電視節目的低俗化有關係。我記得以前粗話（如三字經）是不可以出現在螢幕上的，如果有人講了粗話，電視就會有「嗶」一聲，把他的粗話蓋過去。父母都會告訴我們講粗話是代表自己沒有修養、沒有品味，反映出自己是個沒讀過書的粗人，所以罵人反罵己。

曾幾何時，這些粗話已因電視不斷報導立法委員打架，變成可以登上螢幕的語言，又因某些低俗的藝人，而變成表示親密的口頭禪了。因為大人自己講話沒分寸，小孩有樣學樣、變本加厲後，就出現了Bubu老師所說的那種「要不然咧」、「你大便啦」、「你去死好了」、「你很煩」等等很不禮貌的說話方式了。他們完全不了解這種說話方式只反映出自己的粗俗，一點也不能傷害到對方。好像蘇東坡

笑佛印是糞時，蘇小妹跟他說，他輸了，因為他的話反映出他的眼光。佛印心中是佛，所以他看眾生皆是佛；蘇東坡心中是糞，所以他看眾生皆是糞。這是一個很好的故事，讓孩子知道嘴裡罵髒話，好像很爽，其實語言代表著心境，罵髒話的人，就像蘇小妹說的，代表他自己的心是髒的。

培養愛他人的能力，從家庭服務做起

如何建立孩子的服務精神和工作技能？

Bubu老師

服務的心無論如何都得從家庭扎根，才是正確永久的。
孩子起初也許會先視家務為勞苦，
但只要持續地帶領，讓孩子了解因為他的付出，
家裡得到什麼樣的實質幫助，透過服務能傳達對彼此的愛，
而有能力去愛人的孩子，也才會感受到被愛的美好，
這是一體兩面的教育。

洪蘭老師

孩子是家中的一分子，幫忙家務是天經地義，
我不贊成給孩子酬勞，
一給酬勞就變成僱傭關係，不給錢就不肯做了。
當然最不應該的，就是用服務來換取申請大學的積分，
有目的的服務就像有目的的微笑一樣，令人起雞皮疙瘩，
因為你不知道他背後的意圖在哪裡。

請問
洪蘭老師

為了升學所需要的包裝，我們把教育都做假了

今天在路上看到一位老師帶著兩個小朋友在校園與社區的交界清潔人行步道，孩子拿著掃把嬉鬧，老師也跟著起鬨。想起上次與洪蘭老師見面時，您曾說過，看現在的大學生拿掃把掃地真是難受，我也深有同感！

前不久，我還看到一個節目報導一群醫學生去社區服務老人，說他們多麼有愛心、多麼能幹，但我看到的影片裡是七、八個大孩子在老人家裡玩鬧、下廚做菜，而後再與老人共餐。我心想，這算是服務嗎？如今為了多元升學所需要的包裝，我們把教育都做假了，不只犧牲原本可以給予的教導，還因為創造了假榮譽給孩子，而直接影響他們對誠實的價值觀。

我自己還是小學生的時代，雖然沒有聽過社區服務，但我們在學校裡每天都有「勞動服務」，掃教室、走廊，擦窗戶、桌椅，洗廁所和負責照顧好被分配到的一小塊操場跑道。有時候下課，幾個同學會相約一起去拔自己負責那塊地上的雜草、撿碎石塊，希望那塊地跟別人照顧的一樣美麗。當時，教育沒有太多口號，但多數的孩子在家或在學校，都理所當然地分擔生活雜務。

這十幾年來，生活教育的基本價值改變了，改變的理由或許是家長也跟著制度變勢利了，只要一提起與升學積分有關的社區服務，大家都很熱情。但是，一個人在做社區服務之前，還有自己的家與就讀的學校可以服務，孩子們是否真的從家做起，或只在社區表演服務？我想請教洪蘭老師怎麼看待社區服務的精神，以及該如何做，才不會使其落於形式，變成升學的工具？

投入社會服務是重要的教育，但得由內而外、循序漸進

二〇〇一年，我的大女兒在新加坡美國學校就讀十一年級，每個星期課後有兩天，她與幾位同學會到一所老人院去幫忙復健活動與晚餐服務。從學校到老人院要先搭捷運再轉公車，的確花費不少時間，有幾位家長覺得這樣太浪費孩子的時間，打算輪流當他們的司機負責接送。我很反對，我的主張很簡單，如果這些孩子連自己去一個地方的交通都要人服務，那他們其實也不用去服務他人了。

事實上，我觀察孩子起先並未期待有人接送，但身邊的大人總是太體貼，幫他們精算寶貴的讀書時間、或不忍心一路的舟車勞頓，到後來，原本有意義的教育就

變假了。尤其在升學評議的參考下，許多社區服務與比賽一樣，都在為升學目標服務，但是，真正重視教育的家長卻不能不對此有所警惕。

有一次我應邀去兒童營對家長演講，時間到了，但是場地除了志工之外沒有家長，主辦人很不好意思地跟我說：「老師可以等十分鐘再開始嗎？父母正在洗碗，會晚一點到。」我笑著說：「碗不是應該讓孩子洗嗎？」

正確踏實的社區服務是誠實教育的一環，如果父母讓孩子感覺到社區服務不過是為了申請大學而做的積分準備，他們是無法從中學習到服務精神與工作技術的。嬉嬉鬧鬧地打著服務名號進行的活動很好玩，最終還會拿到一紙時數證明，但價值卻扭曲了。

另外，有一些父母還會發動自己的人脈資源，去為孩子爭取「比較有用」的社區服務機會，洪蘭老師對此又有什麼看法？我們是否為了送孩子進去一所好大學，而做了許多傷根害本的教育，曲解了教育的意義並受其害？

我認為孩子加入整個社會的服務是重要的教育，但這份教育得由內而外、循序漸進。如果一個孩子只熱心做社區服務，在家卻不肯幫忙，父母應該盡快調整孩子的價值觀，不要只是輕鬆地認為，他們在人前都是很不錯的！對於這種情況，洪蘭老師同意我的想法嗎？又會給家長什麼樣的建議？

從家務的基本貢獻，讓孩子體會自己也有愛人的能力

現在的小朋友表面上看起來很幸福，但他們只享受被愛，卻很少體會自己也有愛人的能力，體驗到服務的快樂，因此在外面表現成了一種舞台，可以贏得讚美。但這並不是說，父母在家要模仿外人那樣，不斷讚美孩子，我們應該讓孩子了解，因為他的付出，家裡得到什麼樣的實質幫助。為什麼不要忽略孩子在家裡的基本貢獻，以下這段文字是一位母親給我的信，這也是許多父母共同的擔心，希望提供給大家參考：

我的孩子不喜歡做家事，但在學校，她卻又很願意繼續做其他孩子不喜做的廁所清掃工作，我對她內外的不一致，一直百思不解。因為練習量不夠，及習於規避不喜歡的事，她現在的狀況就如您在課堂提到的——生活觀察力及完成一件事情的整體規劃思考力都不足！

不知您當初是如何要求與教導您的孩子，讓她願意持續不斷於家事工作？

這是我的回信：

信中所提的問題，我完全能夠體會，有些孩子一失去讚美聲就不能前進。他們還小，必須得到更多的幫助與扶持，改變只從外界、從成人評價中所建構而成的自

我價值。

在家與在外判若兩人，是新一代孩子的通病，也是成人需要檢討的部分。要從生活的實務工作自然地幫助孩子去發現自己有能力愛人，而非以表現來跟手足競爭或博取父母的讚賞。

我母親到現在還經常跟朋友提起，她養我這個女兒很得安慰，我在成大住校的時候，每到寒假前的學期末總會寫信回家，再三叮嚀母親不要提前大掃除，一定要等我回家一起做。寫出這段故事不是要炫耀自己有多乖巧，而是想藉此提醒家長，服務的心無論如何都得從家庭扎根，才是正確永久的，也才能一代傳一代。孩子在小的時候也許會先視家務為勞苦，但只要持續地帶領，幫助他們了解，透過服務能傳達對彼此的愛，而有能力去愛人的孩子，也才會感受到被愛的美好，這是一體兩面的教育。

現在有很多父母無法跟孩子好好在家生活，只能一起做消費性的娛樂活動，例如：旅行、購物、看電影、外食、看電視，有些父母甚至很怕跟孩子一起待在家，覺得沒事可做，不知如何相處。所以，**孩子小的時候就要培養他們愛家人的習慣，如果家庭與學校的服務真正落實，社區服務也就水到渠成，再自然不過。**

威脅與賄賂都無法教會孩子，彼此體諒才是愛的本質

再回頭說愛從家庭做起，每個孩子都需要得到賞識，需要感覺到自己有貢獻的能力，但父母不要誤會他們要的是言語的讚美或金錢的賄賂，所以讚美不要過度，更不要孩子只付出一點勞力，就立刻支付酬勞來表達感謝，並期望他們因此更加體貼。一般的家庭工作應該由家人分擔，有特別的大掃除時，則可比照請外人來幫忙一樣支付一點薪水，但不要忘記，威脅與賄賂都無法教會孩子，彼此體諒才是愛的本質。

我曾遇到一個女孩，她母親規定她下課後回家要先煮一鍋飯，等媽媽回家再做菜，但這孩子非常討厭這份工作。有一次我跟她提起自己小學時如何幫助母親，並告訴她，她做的這份工作對她的家庭有很大的意義，之後我接到她媽媽的來信，說小女孩從此不但很樂意幫忙，還問她可以多做什麼？我讀信後很高興，相信這個孩子不只會越來越能幹，而且一定會越來越快樂！

給Bubu的回應

孩子要先體會父母的辛勞，才會心甘情願為父母分勞

中國人對好命不好命的定義，就是要不要動手做事，像《紅樓夢》的賈母，那就是好命，整天有丫鬟伺候，連一杯水都不必自己站起來倒。或許是這種觀念，使得在台灣推行勞動服務非常困難，大家都覺得要動手做事是歹命。曾有家長說，孩子要服務，何必那麼老遠去山地？我家裡就有一堆事沒人做。我也記得東海大學剛成立時，所有學生要掃校園還要洗廁所，我們家一位長輩就來跟我母親哭訴，她一想到孩子要去掃地，晚上就睡不著，因為捨不得讓她去做佣人的事啊。

我們小時候，不但要做伯母口中所說的那些佣人的事，還要去外公家幫外婆做那些事，因為外婆年紀大、做不動了。我從不覺得做這些事有什麼值得哭的地方，畢竟像我母親說的，力氣用完，睡一覺又回來了。而且以前念中學時是進了校門就不准出去，但打掃的時候可以公然出校門，只要拿著竹掃帚，教官就不會阻攔，所以幾個同學一起去校牆外掃地就變成一天中最令人期待的時光。因為在學校也不准吃零食，有個家境較好的同學常帶糖來分享，大家就在掃地時偷偷吃，那個甜甜的滋味我到現在都還記得，至於巧克力我是去了美國才吃到，之前只聽過名字。

愛人的能力真的要從家中做起，孩子要先體會到父母的辛勞，才會心甘情願地為父母分勞。家庭也是訓練孩子將來出社會後，照顧自己生活最好的地方。我因為從小煮飯，所以後來煮飯放多少水，用目測也八九不離十，但我也看過有同學沒了量杯便毫無概念。我覺得以前家人的向心力比較緊密，或許是跟每個人都得分擔家務、都為著同一個家在努力有關係。

要讓孩子看到自己的價值，服務是最好的方式

孩子是家中的一分子，幫忙家務是天經地義，我不贊成給孩子酬勞，一給酬勞就變成僱傭關係，不給錢就不肯做了。當然最不應該的，就是用服務來換取申請大學的積分，有目的的服務就像有目的的微笑一樣，令人起雞皮疙瘩，因為你不知道他背後的意圖在哪裡。

美國作家瑪莎・葛蘭姆絲（Martha Grimes）說得好，「我們不知道自己是誰，直到我們發現自己可以做些什麼。」（We don't know who we are until we see what we can do.）當我們去服務他人時，從自己的行為中就會看到自己的價值，早一點讓孩子

知道人生是什麼，不是很好嗎？我們做大人的不是最怕孩子「成長得太快，成熟得太慢」嗎？離開熟悉的家庭環境去接觸不同的人群，孩子才會領悟到原來我是如此地幸福、才會感恩；他也會從別人對他的感恩中，看到自己的價值，知道自己是個什麼樣的人。

服務是讓孩子了解自己價值最好的方式，不過配套措施一定要完善，不能讓孩子被騙，羊入虎口。父母也應該先教導孩子正確的服務觀念後，再送他去服務，不然會造成別人的困擾，不但沒幫上忙，別人還得來服侍他。

「四體不勤，五穀不分」在以前是種恥辱，現在卻變成好命的指標，這要從社會風氣改變起。農委會最近推動的農村再造非常好，很高興看到越來越多大學生回鄉去討生活，照顧父母，使老有所終；運用自己在大學所學的新科技在雲端創業，壯有所用；孩子在田間奔跑長大，幼有所養；這才是真正的從家庭做起。

吃苦的精神，是現在的孩子要透過服務去學會的

吃苦耐勞一直是中國評鑑一個年輕人有沒有前途的指標，我很擔心這項優良的品德會被目前這個笑貧不笑娼的社會所輕蔑。我外公把我母親嫁給他鄉異縣的父

親（我母親是福州人，父親是同安人，同屬福建省但相隔很遠，連方言都不同），就是看到我父親在辦公時，會把襯衫的袖子捲起來，免得手肘處磨破，他覺得一個富家子弟懂得惜物，以後會有前途。我父親也的確兩手空空來到台灣，憑著吃苦耐勞，打了一片天下出來。這種「沒有吃不了的苦」的精神，是現在富裕社會中長大的孩子要透過服務去學會的。

我去美國讀書時，父親給我看過一張祖父當年隻身去南洋打天下的相片，那艘木舢舨船竟能經得起風浪，令我十分驚訝。父親說一個人有兩隻手，只養一張嘴，只要肯做，沒有活不下去的道理。職務無貴賤、事情無大小，看到了就把手伸出去做，做就是學，錢會丟掉，但學到的技術會一輩子跟著你。最可靠的人是鏡子中的自己，最能依賴的是已經會的技術，所以我「三刀」——菜刀、剪刀、剃頭刀——都會，因為薄藝隨身勝過良田萬頃。祖父留給父親的田產在台灣一塊也用不著，反而是父親在大學讀的知識幫他養活了六個孩子。這些話現在已經無人再跟孩子說了，但是不論社會如何演變，基本的道理不會變。父母不要留錢財給孩子，留給他正直的人品、謙虛的態度和服務他人的心胸就夠了。

溝通是辦好教育的必要條件，
親師就像車子的兩輪，若是各走各的方向就無法前進。
在討論孩子的問題時，親師雙方互換希望來了解對方的立場，
不要為了維護處境而辯論，
一定要以最多數孩子的利益來探求共識。
當親師開啟坦誠、積極合作，
家長大可信任自己的孩子會在老師適當的指導下好好學習，
而教師當然也要以真誠的言行，
贏得家長的仰賴與敬重。

第三部

親師的溝通與合作

愛與照顧，
是幼稚園最該提供的教育品質

如何為孩子選擇適合的幼稚園？

Bubu老師

為孩子選擇幼稚園時，夫妻一定要先以家庭條件為基礎，
聆聽彼此對教育的期待和考慮，再商量出最好的結果。
我也不會靠打聽他人的意見來尋找孩子的去處，
而是走到自己想去的幾個園所，默默觀察幾件事，
在日復一日的細微照顧中，
顯現園方教育的不是口號，是實踐。

洪蘭老師

幼兒園是孩子第一個正式的小社會，
不同背景、族群的孩子聚在一起，
在老師的教導下學習基本的社會規矩。
幼兒園也是啓蒙教育，不要讓孩子還沒上學就恐懼學校，
孩子的天職是遊戲，他們可以透過團體遊戲學習規矩，
遊戲也是促進大腦發育最好的方法。

請問
洪蘭老師

生活必須與教育一致，否則起不了教育作用

有一位朋友為了孩子選幼稚園的事跟先生吵架了，她跑來問我，我會怎麼幫孩子選擇幼稚園？又說自己的夢想就是要讓孩子上「蒙特梭利」的幼兒園。我問她：為什麼非得是「蒙特梭利」不可？又問她如何證明一個幼稚園的確實踐了「蒙特梭利」的教育？就在問答之間，這位媽媽發現了自己的模糊與迷思。

我跟她說，人類出於天性就懂得撫養後代，社會更進步之後才開始教育後代，這歷史已經很久了。近代熱愛孩子的教育家，如盧梭、菲絲泰洛奇、福祿貝爾、蒙特梭利的觀念被引介到台灣，我們認識這些教育家的意義應該是：了解他們的觀念要如何實踐於生活中，而不是成為教育廣告詞。這些不同國家的教育家所共同的主張是**「生活即教育」，也就是過什麼樣的生活，就受什麼樣的教育，所過的生活和生活的條件就是教育的內容**。生活必須與教育一致，否則起不了教育作用，在此概念下，不同的教育家提供了不同方法，如果幼稚園打著某個觀念的名號，買了一些教具，卻不能在現有條件中實踐「生活即教育」的理想，那當然絕不是好學校。

「為誰服務」的方向，決定了幼稚教育的命運和價值

三年前我曾受邀在北、中、南為幼稚園的業主演講，第一場是台中。聽眾在進場前談的都是少子化之後的招生不易，大家熱衷地討論場地設備與教材上的投資，演講時，我則說出自己對於幼稚園教育的一些想法。

我告訴這些經營者，如果他們把幼稚園當成一個商品來看待，這個商品的本質就是「愛與照顧」，而不是場地與教材。當然，有安全的場地與適合的教材會有幫助，但更重要、更好的口碑，絕對會來自於「愛與照顧」的落實，這樣的幼稚園也是家長苦心尋覓的教育場所。當時，有一兩個業主連聽都還沒聽完我的話就起身走了，他們用台語說：「這與我不合！」

中國幼稚教育家張宗麟曾提出，幼稚教育為誰服務的方向非常重要，這決定了幼稚教育的命運和價值。當時他就提出，有太多幼稚園是為比較富裕的人家服務，成為富貴孩子的樂園。我認為場地與教材是用錢可以解決的問題，但愛與照顧卻必須透過有理念的施教者與照顧者才能實踐，雖然這是一條起步困難的路，卻是同時對孩子、家長、社會與幼稚園經營者有益的路。

以觀察代替打聽，確認環境中的安定氛圍

我跟這位媽媽說，首先是夫妻之間不要為了這樣的事而吵架，一定要先以家庭條件為基礎，好好聆聽彼此的考慮、對教育的期待，再商量出最好的結果。生活中有太多事很難面面兼顧，我建議他們用富蘭克林的思考法則，把考慮名單中所知的優缺點都列出後，再相減找出哪一所學校是最接近心中理想的去處。我也提供自己解決問題的想法——我不會靠打聽他人的意見來尋找孩子的去處，而是會走到自己想去的幾個園所，默默觀察幾件事：

- **下課後孩子的模樣**。經過一天，孩子是否得到夠好的照顧，從外表一定可以見到某種端倪。
- **老師們跟孩子講話的方式是否用詞良好、氣氛穩定**。身為家長，我不會想要孩子身處於用詞與情緒過度誇張的環境中，從老師送孩子時的談話方式，不難推想一個幼稚園的品質。

有些幼稚園的小朋友好可愛，他們在群體外出時看到人會主動問候、走路會排隊，這就反映出學園平日的教育根基。有一次我與八十幾歲的父親在高雄愛河邊散步，經過一個天主教的幼稚園，那些小小朋友看到我父親竟然能朗聲問

候：「爺爺好！」讓人會心一笑！我並沒有聽到任何老師提醒孩子，所以能確定學校把孩子教得很好。

●**幼稚園本身的環境是否整齊清潔**。幼稚園是兒童生活美學的教育基礎地，孩子無須在這個階段被灌輸太多專業知識，但環境卻能深遠影響美感。畢卡索說，孩子是天生的藝術家，但長大卻未必。幼兒的身體很小，情緒與感受都有極限，需要被了解，幼稚園不一定要刻意布置得花俏或色彩鮮豔，但需要有一種自然與安定的氛圍。

我曾看過一個幼稚園連午睡都開著好亮的燈，我問老師為什麼不熄燈讓孩子們好好休息，老師說這樣會睡得太熟，不好叫醒。如果我是家長，我不會同意這種只為管理方便而採行的作法，這顯示園方照顧的方法與能力都不足。

●**我也會觀察孩子之間講話的聲音語調，彼此的相處是否友善**。這能反映出一個學園的孩子家庭背景是否單純、家長對於紀律的觀念是否正確。

●**當然，如果能看到孩子用餐與吃點心的狀況，那是最好不過的**。這種日復一日的細微照顧，最能顯現園方的教育是口號還是實踐。

洪蘭老師，如果是您呢，您會以什麼條件做為幫孩子選擇幼稚園的考慮？

給Bubu的回應

在幼稚園的小社會，孩子開始學習基本規矩

幼兒園是孩子第一個正式的小社會，來自不同背景族群、社經地位的孩子聚在一起，在老師的教導下，學會基本的社會規矩。因此，幼兒園最重要的不是硬體，不是有多少新玩具，什麼樣的地板、窗簾（有幼兒園標榜「城堡式」的教學環境，你的孩子來上學就是城堡裡的公主、王子），而是老師的教學理念，也就是Bubu老師說的「愛與照顧」。

幼兒園叫什麼名字、師承什麼傳統，倒不是那麼重要，實質才是關鍵。所以，家長在孩子上幼兒園前，應該先去參觀幾家，比較一下教學內容，也跟園長和老師談談。Bubu老師說的看孩子相處是否友善，聽他們講話的聲調是一個非常重要的決定因素。如果小朋友玩得很愉快、沒有大哭大叫，你一般可以確定這裡的老師懂得帶孩子。老師保持冷靜、說話輕聲細語，孩子自然不會大聲嚷嚷。

老師對孩子講話的態度，是重要的觀察指標

我兒子小時候怕羞，黏我黏得很緊，所以我是帶他一起去找幼兒園的。我們先停好車，在附近走一下，看看學校環境是否幽靜、會不會車水馬龍（鬧區市中心的幼兒園有幾點不好，一是吵雜，在噪音環境中長大的孩子容易心浮氣躁，大人會因血壓升高而脾氣暴躁；第二是接送時易發生危險，君子坐不垂堂，不要給自己找麻煩），然後進去觀摩教學一番，主要是看老師跟孩子講話的態度。

有些人喜歡選年輕的老師，認為年輕才有活力，其實不見得，年紀大的老師有經驗，對害羞的孩子可能更合適。最主要是看老師臉上有無笑容，如果是一付不耐煩的樣子，那麼其他條件再好，都不該送孩子去。

我兒子幼兒園的老師是個五十歲的太太，過了三十年他到現在還記得她。這位老師從來不大聲吼孩子，只是靜靜地站在那裡微笑，學生就自動安靜下來了。她告訴我，你只要抓住兩個孩子的注意力，使他們不說話，一會兒全班就會安靜下來，大家想知道老師要說些什麼，老師聲音越小，孩子會越注意聽。這其實滿有道理，老師既然吼不過全班二十個小朋友，又何必拿你的短處去跟他們的長處爭呢？

讓孩子先喜歡上學，在遊戲中幫助大腦發展

幼兒園是啟蒙教育，不要讓孩子還沒有開始上學就恐懼學校，孩子的天職是遊戲，幼兒園是學玩團體遊戲的地方，孩子可以透過遊戲學習規矩。遊戲是想像力的發揮，想像力是創造力的根本，遊戲時，大腦會分泌很多不同的神經傳導物質，它們就像神經的營養素BDNF（Brain Derived Neurotrophic Factor），有助於孩子大腦的發育，也會促進神經的連接。在神經學上，智慧的定義一是取決於神經連接的方式，這是基因決定的，另一是神經連接的密度，則是後天經驗決定的；父母無法控制基因，但後天的部分卻可以著力，而遊戲就是促進孩子大腦發育最好的方法。

在幼兒園中不必教寫字，這時孩子手臂的小肌肉尚未發展完成，所以先不用著急，他以後寫字的時間長著呢，讓孩子好好享受他的童年吧。選個好的幼兒園，讓孩子喜歡上學，從一開始就做對，好的開始真的是成功的一半。

一定要超前或慢學的極端主張，都不夠自然

如何正確理解孩子所需的功課量和文字程度？

Bubu老師

孩子比大人更在意別人都會，自己卻不能做到的差異。
「有學習欲望卻不准」與「還沒有能力就硬逼」，
這兩個極端對學習來說都不夠「自然」，
已形成教育上的一種功利作為。
家長應該對孩子的學習抱持著「為所必為」的態度，
但其中的「必為」是靠著細心觀察與不斷嘗試所產生的方法。

洪蘭老師

每個孩子開竅成熟的早晚不同、喜歡的東西也不一樣，
聰明的父母會把握孩子想學的時機，
他想學什麼就趕快教，因為動機是學習最大的推手。
但如果孩子還沒準備好就硬逼他學，
這種學習就完全沒有效果，孩子只是想應付了事，
既浪費了時間，更打壞他學習的胃口。

請問 洪蘭老師

刻意不讓孩子早拿筆，可能影響書寫的信心

文字很重要，但在啟蒙孩子學習文字時，卻沒有人強調它最原始的方便性，這幾年來在教育上一提到寫字，談的就是會不會扼殺孩子的學習興趣。在我教過一年級的小朋友之後，第二次上課時特別請家長把孩子的學校作業本帶來讓我參考，因為我很想知道孩子們目前在學校的功課量與文字程度。

二年級是文字能力差別很大的一個階段，但這並不是孩子的聰明才智有別，而是家長與學校的主張所造成的不同。有些家長依據國外的經驗，刻意讓孩子不要早認字、早拿筆；有些家長卻意識到全國多數的孩子都已經偷偷啟程，自己的孩子也不能不迎頭趕上。有些學校不只功課很多，連生字出自課本中的哪一頁都要一一註明；有些孩子則是一提起寫字就要一次又一次向人說明：「我們是體制外教育的某某系統，學校的主張是如何如何，所以現在還不寫字。」

我認為問題就在於，主張提前或刻意延後的兩個極端，都不夠「自然」。「有學習欲望卻不准」與「還沒有能力就硬逼」，是不是都是一種教育上的功利作為，洪蘭老師能為此解說，好讓家長寬心嗎？

常有家長會把您在演講中提醒的「不要急、不要逼」斷章取義為「不可以」，把它解讀為有一種「時間點」對學習是最好的。如果時間點是一種標準，孩子的個別性不就又被忽略了，非等到那個時間不讓孩子動筆或閱讀，是正確的主張嗎？

我之所以擔心這種狀況，是從孩子身上看到一些不自在的現象。因為書寫是一種記錄工具，無論以任何符號記錄，能書寫的孩子總是顯得更自在一些。一起工作學習時，同一個年齡的小朋友會因為自己不能書寫而顯得慌張，他們遮遮掩掩的樣子看起來很可憐。即使說不寫沒有關係，或鼓勵他們畫圖也很好，只要記得就好，但孩子看到別人都能寫，有些就會顯現受挫的模樣。或許，孩子比大人更在意別人都會，而自己卻不能做到的差異。

洪蘭老師覺得孩子有這種反應是很正常的吧！大人發現他們畏怯時，應該靠安慰、鼓勵，或是慢慢帶領來補足呢？父母了解這種狀況後，是應該簡單地採取「沒有關係，長大一點自然就會」的寬心，還是有其他的建議可參考？

家長是否該對孩子的學習抱持著「為所必為」的態度，但其中的「必為」是靠著細心觀察與不斷嘗試所產生的方法，洪蘭老師覺得這樣可以減少父母的憂慮嗎？因為我看過父母親為此而爭吵的例子，媽媽雖然想教，但爸爸覺得不要勉強。

負荷過度的大量操練，也同樣無法把字寫好

雖然一、二年級還不動筆是一個類型，但另有一種問題是，小學一年級就已大量在操練寫字。在我看過一年級孩子的作業之後，有個媽媽問我，她孩子寫的字算不算很醜？我說不會！以她還是一年級，能寫這樣真不錯，但我說，看得出這些字寫得很急。

媽媽告訴我，孩子的確得很趕才能把作業寫完，有時候光是國語，老師一天就會派下十頁功課。我聽了慘叫一聲說：「不可以的！太多了，你們希望她寫這麼多嗎？」媽媽說：「我們也不希望，可是老師卻說，多數的家長都希望老師用這樣的方法來帶他們的孩子。」我聽完之後，建議那位媽媽說：「去跟老師反應，在這種量的擠壓之下反而沒有辦法把字寫好。我看過小朋友用『生產線』的方式寫功課，如果是這樣寫，他也記不住筆順。」

所以，我想請問洪蘭老師兩個問題：

一直以來我們都很喜歡派大量的功課給孩子，這其中有沒有一種想要把孩子的時間全部占滿的意圖，好讓老師在教學上、家長在管理上都比較方便？但若從大腦處理資料的運作來看，不同年齡應該會有不同的負擔能力，父母與老師要如何區別

「必要的練習」與「過度的操練」？

如果一個班級的家長對功課量有歧見，任課老師應如何處理？家長是否也可以如我所說勇敢地反應？像這樣無關於紀律或團隊精神的問題，如果家長請老師依照孩子個別的情況來斟酌功課的派發分量，維持在必要的練習就好，這對教學會是一種不尊重或干擾嗎？

給Bubu的回應

動機是學習最大的推手，聰明的父母會好好把握

一般來說，孩子想學而不准的情況比較少，通常是孩子不想學，父母卻硬逼他學，前者會發生的原因主要是父母有錯誤的觀念，以為太早學會損害孩子的發育。

揠苗助長當然是不好，但這裡要先釐清是學什麼東西？技術的？心智的？情緒的？體能的？有沒有科學的證據？再上網去找資料，確認這真的會害到孩子嗎？聰明的父母會把握孩子想學的時機，不管是什麼，他想學就趕快教，因為動機是學習最大的推手。其實孩子做不來，他自己會放棄，我曾看到一個三歲孩子在下圍棋，下得還不錯（至少他打敗了我），他母親卻不肯讓他學，說是會傷害腦（其實不會），把棋子藏了起來。結果他搬椅子爬上去，不小心摔下來，頭上撞了個大包。

每個孩子開竅的早晚不同、喜歡的東西也不同，他能放棄其他孩子在玩的騎馬打仗而坐下來下棋，表示他是真的有天賦、有興趣。父母不必因為道聽塗說的不正確觀念硬是不准他玩，弄得孩子天天哭哭啼啼，四鄰雞犬不寧（他是我的鄰居）。

幼兒園的孩子可以教認字，但不要逼寫字

學習應該是快樂的事，人是天生好奇、喜歡學新的東西的。我們看到孩子在沒有考試壓力時，會很樂於學習新知識，但考試的壓力，尤其是少一分打一下的恐懼，會整個抹殺孩子學習的樂趣。人生是不斷學習的歷程，如果很早就失去學習的樂趣，對孩子是很大的損失，尤其現在已知焦慮和恐懼對健康有害。

我之所以主張幼兒園的孩子可以教認字、但不要逼寫字，是因為孩子手臂的小肌肉還未發展完成，字常會寫出格子，而台灣有非常多的「橡皮擦媽媽」不能忍受孩子不完美，就要把它擦掉叫孩子重寫。因為孩子**不是不用心寫**，**而是力有未逮**，

所以再寫還是會溢出格子，這時就造成孩子的挫折感，使他還未正式入學，就已經討厭上學了。這種心態對他以後的學習很不利，我們常看到可以學的孩子對學習卻意興闌珊，提不起勁。不過，如果您的孩子早熟、筆已拿得穩了，他想要學寫，當然可以教他寫。有學習欲望時，一定要把握住這個機會趕快教他，但是「還不會卻硬逼」就不必了。每天哭哭啼啼地寫功課，對父母和孩子都是辛苦的事。

書寫可以幫助記字、認字，同時還能靜心

書寫確實是如Bubu老師所說的，可以幫助記憶生字。寫字除了幫助認字，還能靜心。最近有一個實驗，研究者把還不會讀和寫的幼兒園孩子帶到實驗室，請前兩組將英文字母依樣畫葫蘆，寫出或描紅出來，第三組則是在鍵盤上找到這個字母把它打出來。學習完畢之後，請這三組孩子躺在核磁共振的儀器中，給他們看剛剛看過的字，結果寫字組、描紅組和打字組的大腦活化強度各有不同，寫字組最強、打字組最弱。所以自己動手寫字，要比描紅和打字在大腦中留下的痕跡更深，對認字更有幫助。

另一個實驗是追蹤小二的學生直到小五，以觀察寫草書體（cursive）、印刷體

（printing）和打字對學習的幫助，結果發現這三種方式動用到的大腦區域不同，草書體在工作記憶上的效果最好，對閱讀和識字系統的激發最強。西雅圖華盛頓大學的研究者甚至認為，寫字可以訓練孩子的自我控制，讓孩子靜下來。

從這一點來看，中國人一向認為練字是修身養性的好方法，寫字雖然是動手，練的卻是心，心不靜，字就寫不好。孩子練字，透過手的動作，既學會了這個字，也靜下了他的心，一舉兩得。

用肯定、欣賞的眼光，耐心等待孩子的成熟

孩子還未準備好便叫他們寫字，就會有Bubu老師說的那種遮遮掩掩、沒有自信的樣子，這時不能再逼他，要耐心等待他大腦和身體的成熟。千萬不要在有意無意間，讓孩子覺得自己不如人家，這是中國孩子普遍沒有自信心的最大原因。

每個孩子成熟的快慢不一樣，父母可以安慰他：媽媽小時候也是寫得比較慢，但我學會了以後，寫得跟別人一樣好。人生絕對沒有輸在起跑點這回事，人生的決戰在轉折點，能否智慧地在每個人生的十字路口做出正確的選擇，才是最重要的。

我常覺得窮人家的孩子比較快樂，因為父母忙於生計，不像中上階級的父母有

這麼多時間來嫌孩子做得不好。人長大了就常忘記自己小時候是怎麼回事，其實孩子身上是父母的基因，他開竅得晚，就要想想，自己以前是否也比別人晚一些？他的基因一半來自你，所以你有一半的責任，這樣一想就不會覺得孩子笨，別人會了為什麼你還不會？

父母的喜好常會不自覺地顯露在臉上，而孩子都非常敏感，馬上就知道：媽媽今天不高興了，因為我考得不如隔壁的小莉；爸爸不帶我出去，因為我功課不如隔壁的小強。我有一個同事，說他一直覺得自己比不上人家，直到他有一天拿了國科會的傑出青年獎，才敢把頭抬起來平視別人。有位媽媽說：「我怎麼樣看，都看不見我兒子的長處。」其實天生我才必有用，你用欣賞的眼光去看，就一定看得到。

作業應以鼓勵學習為宗旨，而不是讓孩子恐懼學習

至於出很多家課，我真的很反對，一天寫十頁絕對是太多，寫生字固然有幫助，可以記住這個字，但是物極必反。我兒子小時候，一個錯字罰寫十遍，若有十個錯字，就要寫一百遍，他每天一邊寫一邊哭，一點學習的興趣都沒有。他常常禱告，希望地震、颱風趕快來，就可以不必去上學，讀書讀到這種地步，對孩子來說

真是太殘忍了，也真的沒有這個必要。

其實，中國字只要懂得構字規則以後，學習起來是很有趣的，我們的國文課應該是最不枯燥的課程。漢字的構字法可以做對聯、猜謎語，例如：「此木為柴山山出，因火成煙夕夕多」，此木就是「柴」，山山疊在一起就是「出」……學生馬上懂得寫這些字，我的生字就是這樣慢慢學會的。

我小時候，台灣沒冷氣也沒電視，吃過晚飯，大家便到院子裡乘涼，大人拿著蒲扇，一邊趕蚊子、一邊教小孩。我外公就常用這種方式教我們認字，比如他說：蘇東坡在門口迎接黃庭堅（他就順便講黃庭堅是何許人也），蘇小妹在窗前捉虱子，看到了就說：「長兄門外邀雙月。」（雙月是「朋」）蘇東坡則回道：「小妹窗前捉半風。」風的一半就是「虱」，於是我就不會寫錯「虱」了。

中國孩子都很聰明，上有政策下一定有對策，如果出很多家課，他做不完明天又要挨打，一定會想辦法交差。我兒子也用過Bubu老師說的生產線方式寫作業要求的字數，這種學習完全是應付了事、毫無效果，既浪費了筆墨，也浪費了孩子的時間，更打壞了學習的胃口。所以，大量寫生字真的不可取，從動機切入，效果會好很多。有句西諺說得好：「用蜜糖捉到的蒼蠅比較多。」（You catch more flies with honey.）請誘發出孩子的動機，使他喜歡學習，不要用作業讓他終身恐懼學習。

親師應良性溝通，為孩子分派適宜的家課

孔子說：「學而不思則罔。」派了大量的功課，孩子寫都寫不完，哪有時間去思考？不思考，那些知識就不能內化成孩子的，所以分派大量功課是極為錯誤的方式。孩子的本職是遊戲，想要用大量功課去占滿孩子的時間是病態的想法，只有控制欲很強的人才會這樣做，並不可取。

溝通是辨好教育的一個必要條件。老師可以在一開學時，跟家長說明自己派功課的原則，並盡量用情理來說服父母：**多不一定是好，適量才是好**。老師是專業人員，應堅持自己的專業，不可退縮。父母也要知道，不應該干涉老師的教學，寫功課是教學的一部分，主權在老師手上。而在溝通之餘，老師也要有彈性，知道每個孩子都不一樣，可因情況不同分派不同程度的作業（包括內容也是）。作業應以鼓勵學習為宗旨，若是這孩子數學跟不上，請出簡單一點的題目，給他機會慢慢跟上來，不要打壞他學習的興趣，更不可嘲笑他、傷害他的自尊心。

以主動的身教與言教，讓孩子理解親近的界限

如何掌握師生相處的分寸與距離？

Bubu老師

年幼的孩子很容易以身體或語言的親近，
來做為自己是否被喜歡的判斷，
但無論性別，師生之間都應該有非常適當的距離。
老師們要以身教與言教、或不傷孩子自尊心的方法，
讓孩子了解，師生相處在言談或舉止上的限制有哪些，
這些限制都是奠基於人際禮貌，自然地施行師生有敬的教育。

洪蘭老師

老師一定要是學生尊敬的人，學生才會聽你的話：
老師的態度可以和藹可親，
但師生之間一定要謹守行為的分寸。
父母老師不要為了討好孩子，故意跟他勾肩搭背假裝親熱，
只要願意花時間聆聽他說話、知道他心裡在想什麼，
他一樣會敬重你，有事會找你談、請你幫忙。

請問
洪蘭老師

只有尊重，才能提供不疏遠但不冒犯的安全感

雖然我們都同意，家庭教育是個人教育的起點、影響最深，但因為社會型態迅速改變，很多父母忙於工作與其他事務而不能親自負擔教育子女的責任，所以孩子與老師接觸的時間也越來越長，學校教育與家庭教育無論在時間或意義的交疊上，都比過去緊密。另一種情況是，父母由於語言或學識不足（新住民特別有此困難），愛孩子卻不知道如何教，所以對學校更充滿期待。如果學校的老師們基於對這種現實的了解，願意把自己的心情提升到更接近父母的層面，這樣每一份施教就不只增進孩子的幸福，也同時減少父母的憂慮與痛苦。

我認為對孩子來說，父母與師長天生的不同在於「親近程度」，這是再小的孩子也能敏銳感受到的差異，但在師生相處時，師長應該以行動來表明這個界限的意義。

有一次去演講，提問時有位家長說：「我的孩子在學校看到老師改作業，會體諒老師的辛苦而幫老師按摩肩膀，但她在家卻對我天天切水果給她吃的心意無動於衷，連一聲謝謝都沒有，這讓我很失望。另一件事是，我提醒她，幫老師按摩是否會被同學批評為討好老師，但孩子不同意我的看法，我要怎麼說服她？」

我的回答是：「我的憂慮跟您有所不同。我認為比『討好老師』更值得重視的問題，是孩子的舉止不對。無論性別，師生之間應該有非常適當的距離。您的女兒對老師所做的事是不對的，要盡快慎重地跟她討論這個觀念，這個距離正確了，討好的問題也就解決了。要讓孩子了解，在言談或舉止上，師生相處的限制有哪些，這些限制都是奠基於人際禮貌。只有尊重，才能提供不疏遠但不冒犯的安全感，老師能正確地表達慈愛與關心，學生對老師既敬愛又親近。」

用自己的言行指出分寸的所在，是老師的責任

要孩子主動地思考這些距離是非常困難的，尤其是年幼的孩子很容易以身體或語言的親近，來做為自己是否被喜歡的判斷。所以，老師們應該以身教與言教、或不傷孩子自尊心的方法，拒絕孩子過度的主動親近，自然地施行師生有敬的教育。

比如說，我自己在教低年級孩子的時候，也遇過一定要緊緊黏著老師，甚至會主動爬上膝背，要求背或抱的小朋友，這都是幼稚園的遺習，當時被視為撒嬌或可

愛的舉止因為無限制地發展下去，長大就產生了不良的影響。

親師都不要怕看見問題，只要肯矯正就會改善。當我看到在工作中還要緊緊牽著老師的手的小朋友，我會提醒跟我一起教課的老師們，關心孩子的方法要正確，她們要學習更主動、委婉地拒絕這些舉動。我自己的做法是，把孩子的手從我的手中拿開時，不要讓他誤會為嫌棄，除了輕輕移開孩子緊黏的肢體之外，我還會把他們的注意力立刻轉移到某一份具體的動作中，而不是撥或甩脫。我也會刻意再輕輕地摸摸他的頭，叮嚀他繼續把工作好好做完。每次都如此明確，一兩次之後，孩子就能了解。

那位家長的發問，使我想起學妹在高職教書時也曾跟我說，現在的男學生會一邊跟她講話一邊撥她的頭髮。我當時就跟她說，絕不能允許學生這樣，因為教導者的允許標示著言行舉止的分寸，用自己的言行指出分寸的所在，是老師的責任。

師生距離的教導，應以禮貌而非防範為出發點

父母在家也應該配合學校的教育，以適當的言語跟孩子說明這些事情的重要，但必須以禮貌為出發點，而不是以防範老師可能會侵犯他們為教導。如果只以警覺

為目的，會嚇壞孩子，這對師生關係又是另一種負面的影響。

我看過有父母的確是這樣教孩子的，他們在外絕不回答一般的問候，對外界有著很大的警覺性。草木皆兵的孩子也真可憐，我遇過這種孩子，如果拿個東西不小心碰到他的手，他會像觸電一樣，大動作地把我的手撥開，然後充滿怒氣地再看一眼。這時，我要花的時間就是建立信任而不是教導距離了。所以，**不要只給孩子一種極端的準則**。

我在班上曾遇過一個媽媽，她要女兒每次下課後都來跟我鞠躬說謝謝。這在如今是少見的，可是每次當我們師生倆好好站著，她先鞠躬對我致謝，我也欣慰地回禮時，我覺得有真情的禮貌是永遠不會被時間淘汰的，這些禮儀也藉著肢體的美表達了情感的美。

不知道洪蘭老師是否覺得我這樣的想法太敏感？至此，我想起「雞腿事件」中老師曾告訴我，這件事有個被截去的前段，允許吃便當的老師在開課前曾說：「今天這堂課由小妹我來為大家服務。」老師是否願意談談這種談話的不適切？

順帶也想請問老師，您贊成學生直接叫喚老師的名字、以綽號相稱，或是覺得應該規規矩矩地稱呼「某某老師」？

給Bubu的回應

帶孩子不是去討好他們，而是要他們打從心裡服你

Bubu老師的方法是對的，老師應該以不傷孩子自尊心的方法，拒絕學生過度的主動親近。尤其在國中和高中階段，這個分寸一定要拿捏好，在校園中發生一些性騷擾和性侵害事件的原因，就是老師沒有把握住這個分寸。在男校教書的女老師尤其不能穿太清涼的服裝，穿露肚臍裝的麻辣教師可能會討學生喜歡，卻失去了做老師的專業和本分，這種行為並不可取。

我們一再說，學生只會聽他尊敬的人的話，老師一定要是學生尊敬的人，就像父母也一定要使孩子尊敬他，孩子才會聽話。我們常聽到孩子頂嘴：「你憑什麼管我！」就是因為大人本身有不當行為被孩子看到，他覺得大人沒有資格管他了。所以，帶孩子不是去討好他們，而是要他們打從心裡服你。這個「敬」字不只是維持父子、師生、從屬之間的要素，更是維持夫妻感情必要的因素。一樁婚姻要維持下去，相敬如賓是必須的，如果沒有敬，這份夫妻關係就變成了從屬、就不對等了。

對老師不直呼其名，代表的是一份尊重與敬意

至於叫父母名字、老師名字，至少在我這一代是不能接受的。直呼其名是平輩的做法，不能對長輩如此，甚至對生疏的平輩也都要加上「先生、小姐」或職稱，基本上，直呼其名是大不敬。我們以前的留學生到美國去，有很長一段時間無法像美國學生一樣直呼老師名字，會叫不出口，一直到自己出來就業、變成老師的同事後，才慢慢敢稱呼他的名字，這也是出於尊敬的關係。我認為好的習俗要保留，不好的也不必因為外國船堅砲利，就覺得它比我們強，而要照單全收，畢竟東方和西方的哲學、文化背景都不相同。

同樣地，做父母的也不要為了討好孩子，故意跟他勾肩搭背假裝親熱。父母是孩子的監護人，負責監督和保護他，只要我們花時間在孩子身上，聆聽他說話、知道他心裡在想什麼，他一樣會敬重你，有事會回家找你談。我父親曾說他最欣慰的一件事是，我們這些拿了博士學位的孩子，遇到事會打電話回來請教他、聽他的意見，表示我們書念得再多，爸爸還是最能指引的人。我父親只有大學畢業，但在我們心目中，十個博士都比不上他，因為他以身作則的風範一直是我們的榜樣。

先拿出做老師的樣子，學生才會願意向你學習

有一次，我聽某國立大學的名教授說，他在第一堂課時一定拿出十八般武藝，讓學生看到老師是個寶藏，每次來上課就能挖一點，「這次來挖別的寶」就是下一次回來上課的動機，旁邊好幾個資深教授聽了都點頭。二〇〇九年「雞腿事件」有個被截去的前段經過，就是允許學生吃便當的那位年輕老師在上課之前曾說：「今天這堂課由小妹我來為大家服務。」很可能是這個老師未拿出做老師的樣子，學生就不聽她的課了。平常我們對「敬」這個字沒有過多著墨，但它確實是維持倫理的基本要素。

現在，台灣的大學教授要被學生評鑑，而且教學評鑑占升等分數的百分之二十五以上（教學、服務和研究是升等評鑑的三個項目，每所學校制定的比重各不相同，但至少也有四分之一），因此年輕老師不但不敢得罪學生，還要討好學生。他們忘了一件事，學生只有尊敬你，才可能學習你、願意聽你上課。老師的態度可以和藹可親，但師生之間一定要保持禮貌，學生不能叫老師老王、老吳，當然老師也要謹守分寸，不能叫學生做研究以外的雜事，如代買早點（有個學生畢業後去替一位她心儀已久的教授做研究助理，不到半年辭職了，問她原因，她說老師每天都叫她上

班「路過」某店時，幫他帶付燒餅油條，她覺得不被尊重就不幹了）。

說起來，有太多的事情不該發生，但是現今的台灣都在發生。年輕人從以前的「只要我喜歡有什麼不可以」到現在「只要糾集成眾，有什麼地方打不進去」，學生的身分已變成護身符，事情做了之後可以不負責任，因為我是學生，而大人也縱容他們的不負責任。像這次的學運，他們隨意剝奪別人的權利，造成社會價值觀崩盤，經濟衰退、人心惶惶，我們更擔心的一點是下一代的人有樣學樣。現在已經有學生在網路上跟老師說：「如果你不答應我的要求，我要集眾向你示威。」更有高中生抽菸不服管教要打老師，自稱是「不服從的公民」。英文有句話很好："Bad means can not be justified for good ends."一個不負責任的手段，不管所獲得的結果有多正義，都不能免除因為手段不正常而造成傷害的責任。

善用教師的影響力，引導父母一起成長

教師應該如何和家長溝通孩子的問題？

Bubu老師

教師在與家長談論孩子的問題時，應主動想到家長的心情，與由此可能產生的影響。教師若能讓家長覺得，孩子有些令他們煩惱的事情只是一時的，的確該加以改善，但不要過度關注，並且建議他們用什麼方式改善、解釋為什麼不能用力過度，家長就不會空煩惱或不知所措了。

洪蘭老師

大人對孩子的期待，會改變孩子對自己的期待，並從而改變行為，粗淺地為孩子分類或貼標籤，無異是在傷害孩子的心靈。孩子年紀小，對自己沒有信心、也沒有定見，所以父母不要任意貶低、批評孩子，老師也要時時檢討是否對學生一視同仁，不可有差別心。

請問洪蘭老師

這幾年，我經常聽到家長為我介紹他們的孩子時，會特別加上標籤，比如說，我的孩子是屬於「慢熱型」、是「觀察型」的，我的孩子「很綳」，或是我的孩子雖然功課不大好，但是他很快樂、很善良等等。聽過幾次之後，我對於如此一致的標籤用語感到很好奇，所以問了幾個家長，很想知道這些類型是由誰設定的？家長告訴我，是學校或安親班老師對孩子進行觀察後的歸類。

對於這件事，我很不以為然，**老師們這樣分類孩子對家長是一種誤導，家長因為信任教師的專業，如果以此放大做為檢視孩子行為的標準，便會越看越同意，這等於自己領著孩子入座於這些標籤中**。一個經常被稱為「慢熱型」的孩子，本來只是不大懂得與人相處時應有的禮貌，一旦有過幾次聽媽媽在別人面前說他這種行為是「慢熱」，果真就越來越不與人招呼、越不習慣有問有答，甚至開始躲躲藏藏，以實際行動來顯現他的「人際慢熱」。

我也看過另一個孩子，她的母親總不讓身邊的人有機會跟她好好對話，只要有人跟孩子初見面，她一定會再三強調，她的孩子不會輕易開口，因為她是個「觀察型」的孩子。所以，原本極為簡單自然的應對，也只看到孩子眼睛咕嚕咕嚕地轉，絕不回答任何問話。我發現父母親在幾個類型中特別喜歡「觀察型」這個標籤，也許他們覺得這個類型有比較深刻細緻的傾向，所以更小心翼翼地保護孩子固守在這個行為之中，而把所有應該給予的正常教導都視為勉強與傷害。

兒童經常從所受的對待與評價中，定下行為的意向

我反對這些標籤的理由是，當孩子受到過度或不該有的關注時，往往以為這是博得關注最好的方法，因此會刻意強化表現，如果這些舉止並不適當，家長與師長就應該在最自然的情況下協助他們修正行為。比如說，當一個孩子來上課時噙著眼淚，既不說要留下、也不說不想上課，我總希望父母能與我合作，和善地要求孩子自己做出選擇，但選項只有兩個——去或留。既是讓他自主選擇，當然就不能真主意假商量，無論去留都要樂意接受。但如果親師不能合作，就得花上半個小時或一個小時的安撫、勸慰，到後來又變成談判。結果是父母的問題沒有得到解決，孩子也不懂得做決定的重要，這些不斷重複的過程白白浪費掉許多的時間與精神。

我認為這就是兒童的「弱」，他們經常從自己所受的對待與評價中，定下行為的意向。一個孩子如果經常從哭當中得到擁抱與安慰、或是特別的待遇，眼淚就不

會只是傷心時的表達，最後能收放自如地成為溝通的方法之一。成人若在乎孩子，就不該任憑這些行為順勢發展，一定要幫助他們以符合社會共處的方式適應環境。

教師有最優勢的位置，能以言行同時施教於親子

生活中有許多事可以簡單清楚地為孩子講解，而一個受到尊重的教師具有最優勢的位置，能夠以自己的言行同時施教於父母與孩子。

多數家長把孩子送到學校時，對教師都是尊敬與仰賴的，因此教師在與家長談論孩子的問題時，應該主動想到家長的心情，與由此可能產生的影響。當一位老師管不住在班級裡調皮搗蛋的孩子，他可能有兩種選擇——一是與家長討論紀律與常規的重要，然後各盡其力，共同協助孩子加強自己與環境相容的能力；另一種方法則是請父母帶孩子去看醫生、做檢查。想想看這兩種建議所引發的影響，前者是具體的改善行動，後者卻把父母帶進憂慮的深淵。

我遇過兩位年輕的媽媽，她們的孩子都在小一時就被老師要求帶去看醫生，此後教養的路上便走得憂心忡忡，在體制內與體制外的學校來來去去，孩子也無法真正安定下來。另一位則在檢查確定孩子並沒有注意力缺失之後，醫生卻主動要幫家

長開列「過動兒」的證明，因為醫生說，這樣老師就不會找孩子的麻煩了。

我所聽聞的親師問題比過去複雜很多，因此常想起韓愈〈師說〉中的一句話：「師者，傳道、授業、解惑也。」在今日家長已深入參與孩子受教育過程的時代，教師所面對的不單只是學生各方面的進步，也應該慎重地把家長的成長納入自己的工作思考中。一個老師只要夠正直、言談舉止有分寸，對家長便可以啟動一定的引導作用。教師應該在適當的時刻提醒父母，**教育是一個「求進步的過程」而不是「優劣選拔的定奪」**，親師雙方應該努力鼓舞學生可喜的傾向與能力，並控制不良的發展。如果教師能讓家長覺得，孩子那些令他們煩惱的事情只是一時的，的確該加以改善，但不要過度關注，並且建議他們用什麼方式改善、解釋為什麼不能用力過度，家長就不會空煩惱或不知所措了。

不帶偏見的具體溝通，將開啟親師的積極合作

我可以舉出自己跟家長的幾次溝通為例，來證明教師是孩子成長的守護者，即使起初親師的看法不一，但透過誠懇的溝通便會有答案。親師之間千萬不要為了維護自己的立場而辯論，一定要以孩子的利益來探求共識。有個五年級的小朋友上課

時不聽講，把鉛筆放在燭台上去燒，等媽媽來接他的時候，我告訴媽媽，她得協助孩子改變對「發現」的詮釋，不要以為時時刻刻都能把自己任性的行動說成好奇。就以當天的教學來看，我不認為這是一種值得鼓勵的好奇心，孩子當天的行為其實是調皮或背景知識不足，兩樣都不可取。

五年級學生應該有的常識是：鉛筆的質材是木頭，木頭在火上會燒焦，這應該不需要再親做實驗了。他如果故意調皮搗蛋，急待改善的缺點是「沒有目標感」，因為當時我正在解說十分鐘後就要自己動手完成烤布丁的工法和工序。最後證明，如果該仔細聆聽講解時分心去燒鉛筆，就不能成功做出正確的成品。孩子的專注力是需要培養的，成熟的大人不可任由他們自編藉口。

當教師與家長溝通孩子的問題時，絕不是要詆毀學生或指責家長的教育失敗，所以**雙方的心情不可帶有任何偏見，只要針對問題，簡單扼要地說明錯誤所在、並提出改善的具體方法，就會很愉快**。但我認為，無論在時間的方便與傳統的尊師觀念上，這一類溝通由教師主導是更好的，以免使家長陷入不必要的顧慮與擔憂。

例如，我曾好幾次跟家長說，請他們送孩子來上課時，不要對孩子耳提面命：「你要乖喔！」「在……老師那裡要守規矩喔！」因為孩子都知道，只有被認為是壞孩子的人，才需要一直被叮嚀得守規矩，大人若不斷引發孩子自我感覺不良，一定很難進行自重的教育。每當這樣提醒家長，我看到好多父母都不好意思地點頭，雖然這只是一段很短的溝通，但親師之間已有積極合作的開始。家長大可信任自己的孩子會在老師適當的指導下好好學習；當然身為教師，也要以真誠的言行贏得家長的仰賴與敬重。

我相信一個獲得家長信任的老師，對教育可能產生極大的影響力。

洪蘭老師同意教師這樣分類孩子嗎？除了粗糙的分類之外，我也遇到不少紀律有問題的孩子，家長會在教師的建議下帶孩子去看心理醫師或做各種檢查，從此他們的心情就很難回到原點，請問老師對這些現象有什麼看法？

給Bubu的回應

孩子是從父母、老師和同學的眼睛，來知道自己是誰

看到Bubu老師所提出的這些現象，令我非常感慨，將人分類是階級鬥爭的做法，許多人在沒有任何學理證據或專業能力的支持之下，替孩子貼上標籤，什麼

「慢熱型」、「觀察型」、「右腦型」、「左腦型」，這是弊多於利。因為心理學有個知名的現象叫做「自我實現」（self actualization），社會心理學家馬斯洛（Abraham Maslow）說："What a man can be, he must be."這種自我實現的力量是潛意識的作用，冥冥之中將使這個人做出被標籤的行為。

有個實驗是給哈佛大學的亞裔女生做一份數學考卷，兩週後，再請她們回到實驗室來做同一份考卷，但這次在考前先請她們填一份關於生長背景和家族歷史的問卷。結果，第二次的考試成績就不及第一次。為什麼會這樣呢？因為填問卷時，她們的亞裔婦女意識被觸動了。在亞洲，一般都是重男輕女，女生太強、成績太好會嫁不出去，女生不能強出頭……這些傳統的舊觀念一浮現，她們便不自覺地畏縮起來，對自己能力抱持的信心下降，本來會做的題目便猶豫著不敢去試了。

另外一個實驗，是隨機把班上學生分為兩組，並告訴老師這一組是資優生，另一組是普通生，雖然一樣上課、一樣學習，期末考時，資優組的表現優於普通組。但這是沒有道理的，因為當時的分組其實是隨機用抽籤決定的，學生們並無智商上的差別。由此可知，原來老師對學生的期待，會改變孩子對自己的期待，並從而改變行為，所以Bubu老師說的那種粗淺分類，無異是在傷害孩子的心靈。孩子年紀小，對自己沒有信心、也沒有定見，他是從父母的眼睛、老師的眼睛和同學的眼睛來知道自己是誰，所以父母不要在別人面前貶低自己的孩子，孩子並不知道你是在謙虛，他會以為原來我在媽媽心目中是這樣子的，頭就越垂越低、越沒有自信了。

每一句負面的話，需要四句正向的話才能抵消影響

孩子其實非常在意父母對他的看法。美國的國家英雄、一九八四年奧運體操隊金牌得主康納（B. Conner）就說，他會走上體操這條路，是因為他父親一句偶然的稱讚。他小時候功課不好、個子矮小，得不到別人的關注，有一天他窮極無聊，在家中倒立用雙手走路，因為背挺得很直，被他爸爸看到了，便隨口稱讚了一聲。一個從來沒有被爸爸誇獎過的孩子，高興得不得了，從此開始練倒立，想得到父親再次的肯定，最後成為美國拿到體操金牌的第一人。所以，多鼓勵、少責罵，每一句負面的話，需要四句正向的話才能抵消它的影響，父母不要當著孩子面批評他，更不可把他貶得一文不值，尤其在氣頭上講的話更要小心，不可傷到孩子的心。

另外，老師也是人，也容易戴上有色眼鏡來看孩子，我們要提醒老師，時時檢討自己有無逾越身為老師的「公平性」。美國曾經有個研究，想找出同一社區中，為什麼白人孩子有「ADHD注意力缺失／過動症」的比例大於黑人？在控制了

社會經濟和教育程度（Socioeconomic Status, SES）這個變項後，剩下來的變項就是基因，但是從來沒有任何報告指出，黑人基因在智慧上跟白人有差別。追究起來，原來是老師不自覺的偏見所導致。當白人孩子功課不好時，老師會懷疑他是否大腦有病變，叫父母帶去給醫生看；但黑人孩子功課不好時，老師會認為黑人本來就是笨，不會做功課是應該的，這是他所預期的結果，所以就不會叫家長帶去給醫生看了。因此，老師對學生也要一視同仁，不可有差別心。

不要拿疾病當保護傘，延誤了改變孩子行為的契機

「ADHD注意力缺失」是現在被貼標籤貼得最厲害的疾病，目前的誤診率僅次於阿茲海默症，高達二十五％，也就是說，有四分之一被診斷為ADHD的孩子其實並沒有ADHD，而是小時候沒有養成習慣靜坐下來看書。醫生有時會應家長要求開立診斷證明，因為人們對病人的行為比較寬容，如果這孩子是ADHD，老師、同學就得接受他，父母也省去了天天去學校聽訓的困擾，面子上比較過得去。所以，台灣有許多講不聽的孩子的父母，反而希望自己的孩子是ADHD，這樣別人在怪孩子沒有家教時，他可以兩手一攤說：「沒辦法呀，這是病，奈何不得。」反而延誤了

可以改變孩子行為的契機。

初生的嬰兒都非常可愛，他們天真無邪、是個天使，我們應該要好好想想：為什麼生下來是天使，長大後卻變成講不聽、不守規矩的惡魔？這是誰的責任？

我們大人有很多不合時宜的觀念，像是要求孩子完美，動不動打罵孩子，對孩子偏心，喜歡功課好的孩子，功課不好就豬狗不如等。其實，來學校應該是學習，不是求完美，為何沒有一百分就要打孩子？我們大人自己有每次都考一百分嗎？我們怎麼可以把自己也做不到的事情，強壓著孩子要他完成？我們經常假定孩子是壞的，先警告他不乖要打，為何他還沒有做，就假設他一定會做？連法律在沒有確切證據之前，也都要假設每個嫌犯是無辜的，我們怎麼背道而馳了呢？這種被大人視為壞孩子的暗示，常使孩子最後真的變成壞孩子。

父母一定要用欣賞的眼光，去找出孩子的長處。放學回家時，請先給他一個笑臉，問他今天在學校過得怎麼樣，孩子只有在安全的情緒環境裡，才會打開心扉，你才可能了解他、引導他、幫助他。

關於孩子的錯與罰，親師應該好好協談

如何因應孩子之間發生的霸凌與衝突？

Bubu老師

教育無非是在阻止或鼓勵孩子去做一件事情時，
能清楚地告知其中的理由，這些說明無法成為一種通則，
而應該以發生的事件來詳加討論、彼此溝通。
如果只直接丟下一句常聽到的話：「注意你的態度！」
而跳過孩子犯錯的過程，這非但沒有矯正作用，
甚至還錯誤地鼓勵他們變成善於道歉的違紀者。

洪蘭老師

大人常常忘記從孩子的角度來看事情，就逕自做出判斷，
而且會用「我親眼看到」來支持自己的判斷，
這樣常會冤枉孩子，讓他們急著撇清，變得爭功諉過。
當我們不准孩子犯錯時，孩子一定會騙你，
因為他是人，不可能不犯錯，
而他又不想挨打，所以只有用說謊來逃過板子。

請問
洪蘭老師

讓孩子先知道錯與罪的關係，才能討論罰的公不公平

有位媽媽針對孩子在學校與同學發生肢體衝突的事件，這樣問我：「該如何跟孩子說明他應遵守的紀律？」

我說：「**回到發生在他身上的事情**，**一層層跟他討論**。」

這個國一的男孩因為出拳打了同學，家長被叫到學校去；同一天，有另一位家長也因為孩子打人而被叫去了，沒想到挨打的竟是同一個孩子。所以，學校把三方家長都找來，拿出條文宣讀過一次，跟家長和孩子們說：「根據條文，這已經構成霸凌了。」然後，主任又跟挨打那方的家長說：「你可以告他們喔！可以告喔！」

我聽完這位媽媽對整件事情的描述，覺得十分不可思議。如今面對孩子們相處的種種問題，我們想的只是如何宣告責任的歸屬、權利的所在，而完全沒有為「教育」孩子做應該做的事。

根據孩子的說法，他之所以打人是因為自己在操場跌跤很痛，當時誤以為是同學故意用腳設陷阱絆他，一時衝動之下就出拳相向。我跟孩子的媽媽說，孩子發生這樣的事，不應該只是很簡單地以「在學校被說成霸凌者很丟臉」，來訓誡他以後不可如此，而是應該根據孩子自己的說法來檢視他所犯的錯誤，不讓事件只停留在「我又不是故意」的自辯中。

為自己辯護是現在小朋友的長項，我想是因為孩子經常受到責備，再加上的確有不少冤枉的處罰，所以養成他們聞風就逃、為自己辯護的能力。我平日上課，只要說話的句子中有「誰」這個尋找事主的用語，常常連話都還沒有說完，就聽到一片「不是我、不是我」的撇清聲。有一次我要找的是立功者，沒想到卻只有擔心的準備諉過者，所以預備的禮物就沒人敢來領了。

孩子既然怕被錯罰而急於脫罪，我想這就是一個好的機會，讓他們先知道錯與罪的關係，這樣才能討論罰公不公平。

只怕有事而親師彼此怪罪，將錯失教育孩子的機會

學校與家庭應該積極地幫助孩子了解，人與人相處的世界經常有誤會，因此，「我以為」的事都要經過求證，才能決定下一步的行動。這一次，孩子在沒有任何求證下就出拳打人，這就是錯的，而這個衝動的代價，就是他在全班面前被宣布為

「霸凌者」。我們同時也要讓他了解，在現實生活中，有很多成人犯錯的理由跟他一樣，像是因為誤會而殺害人的犯罪事例，但成人受的是社會法律的制裁，雖同樣是未經證實就進行反擊，卻要付出更大的代價。所以，他應該要從這件事情學到，以後與人相處或做事都不可以衝動，不能只用感覺草率判斷就立刻採取行動。

接下來也該讓孩子知道，如果當時他確定是有同學故意出腳相絆，而讓他跌疼或受傷，那他該怎麼做，並不是因此就可以出拳還擊，再趁此更深入地說明暴力會引發的不良後果。

不知道洪蘭老師聽完這個發生在校園中的故事之後，同不同意親師雙方都應該多做一些事？如果我們抱定「現在的孩子很難教」的心態，只怕有事而彼此怪罪，那可以教的機會、或者非教不可的事，都可能因此而錯失了。不過，孩子不教，最大的受害者，還是我們自己吧！

運用發生在孩子身邊的衝突，以建立同理心的教育

這幾年來，我看到家長教孩子的方式漸漸落入口號，感到非常擔心，所以，我主張多讓孩子運用發生在他們身邊的衝突，來深入討論紀律的問題。如果能多讓他

們提出自己對於過錯與懲罰的想法，以公平的心情來建立生活的限制公約，除了讓錯誤有所借鏡之外，孩子們也可能從不同的角度了解相處的困難。就如在這件衝突中，絆倒他人者與被絆倒而發怒者的心情是不一樣的，圍觀者也各有角度，但他們在另一些相處中也會經歷類似的角色，我們一直要教導的同理心，應該可以從此類的討論中慢慢建立起來。

如果親師跳過孩子犯錯的過程，只是直接丟下一句經常聽到的話：「注意你的態度！」這對孩子非但沒有矯正作用，甚至還錯誤地鼓勵他們變成善於道歉的違紀者，膽子越練越穩，不怕故意犯錯，只求態度夠好就可以。

我就遇過一個小朋友，她老是故意去弄壞別人苦心做好的東西、寫得漂漂亮亮的筆記，或動手搶他人的材料。但她是一個道歉高手，不只知道要向老師道歉，還一定會在老師面前向她所冒犯的小朋友道歉，表情之謙遜、語氣之遺憾都超過我的想像。但是，我覺得這個階段所看到的現象不能怪孩子，因為這是需要條件才能培養出來的熟練，家長與老師應該討論出矯正態度的方法。

教育無非是在阻止或鼓勵孩子去做一件事情的時候，能夠清楚地告知其中的理由——不這樣做會有什麼後果，不能讓你這樣做是什麼原因，這些說明無法成為一種通則，而應該以發生的事件來詳加討論、彼此溝通，洪蘭老師以為呢？如果在這些教導工作上細緻一點，後續的問題會不會比較容易處理？

最近，我的課堂上有兩位男孩在餐後打架，威力之猛，動用了三個大人才能把他抓住，我在混亂中也挨了一拳。這一拳讓我更了解孩子們相處的問題，也更深思成人該如何盡教導之責，不要讓孩子自己解決這些問題。

打人的孩子是因為三年級卻被說是一年級而大怒，雖然情緒非常激烈，拳腳齊出，還揚言要把所有的人都殺掉，包括他自己，但我認為他其實只是從媒體學到很多駭人的用語，行為並未完全失控。所以，我決定比他更為強勢地要他選擇離開課堂、或遵守我所提出的紀律，結果，他說要留下來，也好好地把課上完了。

當天，我覺得要處理的問題不只是打架的雙方，同在一個課堂上所有孩子的心情也應該被了解，家長最好也能在老師的誠實告知、孩子不在場的情境下好好討論這些狀況。如果能不要只以打人或被打、對或錯來看待這些問題，對孩子才會有真正的幫助，但我們往往沒有足夠的時間與機會來深入處理這些問題，洪蘭老師對此能給大家一些建議嗎？

給Bubu
的回應

社會風氣的敗壞，也扭曲了教育心態

在Bubu老師舉的例子裡，學校的反應看了令人生氣，這不是解決問題的方法，尤其不是教育學生的態度。但是我們也了解，現在社會風氣敗壞，雙方家長都可以找到民代來撐腰（最沒有民代撐腰的大概是校長和老師），所以學校兩邊都不敢得罪，只能拿出條文宣讀一下，叫家長們自己去解決。

主任那句「可以告喔」更是令人難過。自從玻璃娃娃被同學背去上體育課，摔了一跤致死，家長告背他的同學，而被恐龍法官判定賠錢後，整個校園的風氣就不一樣了，大家都明哲保身，學生不敢幫助同學，老師也不敢多話，怕惹禍上身。因此校長和主任就依法行事，一切照規定來，多走一步都不敢，只肯說：你們自己去告，我已經告訴你，「根據條文，這已經構成霸凌了」。這種教育心態怎麼會不教出對社會冷漠、對朋友無情，一切只顧自己、自私自利的國家未來主人翁呢？我們要檢討，為什麼過去善良而樂於助人的社會，會變成現在這個樣子？有時候，不良判例所帶來的後遺症，要遠超過當時法官愚昧判決的影響。

教育是志業，學生的事都是老師應該關心的事

Bubu老師描述的情況，在現今的校園中一直有發生，因為社會情況不一樣了，民風不像過去那麼淳樸，知識普及後，老師不再受尊重。加上今日的媒體整天在尋找新聞，萬一處理不當，老師校長都會上報，有時還會吃上官司，所以學校都盡量保持中立。

這是很糟糕的現象，因為教育是志業，不是職業，凡是跟學生有關的事，都是老師應該關心的事。當孩子在學校與人發生衝突時，老師應該是第一個出來主持公道的人，畢竟老師是公正的第三者、是不偏不倚的仲裁人，而且因為學生都尊敬老師，老師說的話兩造都會聽。所以過去在學校，學生之間有了糾紛，都是老師先做仲裁，老師說完了，大家就不敢再怒目相視。但現在，動不動家長就來學校鬧，要求國賠或連帶賠償，之前還有家長在報上登廣告指控學校，使得人人怕事；學生若在校外受傷，學校會說不在校園內發生，所以不關學校的事。

有個學生跟我說，過去大家都反對教官進駐校園，要把教官趕出去，有一天，有不良少年在校門口堵他，他嚇到了去找導師，導師說這是發生在校門外，不關學校的事，最後反而是教官出面救了他。

事情會演變到今天這種局面有很多原因，最大的原因是老師寒心，管教別人的孩子吃力不討好，有苦勞而沒有功勞。有老師說，現在的學生叫人怎麼敢管？以前孩子打架，家長會責備自己的小孩，現在則是立刻去找「有力人士」來嗆聲，看誰的背景硬；而校長為了連任或是怕在議會被修理，不敢捍衛老師，於是經常在民代施壓下，逼著老師道歉。官員討好民代是台灣的陋習，這使得很多老師不願再承擔「傳道」的責任，曾有老師說：「男生不打架、女生不懷孕，我就功德圓滿了。」冰凍三尺非一日之寒，這種情況再不改善，最後的受害者真的會是我們自己。

不尊師重道的現實，讓老師失去了奉獻的熱情

我曾就這件事跟幾位國中校長談過，他們說自己當年畢業或就職時，都發願要做好老師、好校長，但現實環境卻逼得他們只能自保。現在的學生會在老師上課時錄音、用手機拍照，再加上還有那些唯恐天下不亂的媒體（有個校長說，他們推動閱讀很有成效，有個記者就來採訪，聽完簡報後，她開始訪問學生，問到的每個人都說喜歡這個活動，她就一直問，終於找到一個學生說不喜歡，於是這段不喜歡的影片就在電視上一直播放，讓校長非常沮喪），因此明哲保身成了在亂世中求生存

之道。有些熱情的年輕老師雖然想要為教育奉獻，也因為看到有教育良心的前輩校長遭黑函扳倒、被迫提早退休而心生恐懼，不敢有所作為。

有句順口溜說得好：「官員怕議員，議員怕選民，選民怕官員。」順我者昌、逆我者亡的民粹風氣會造成寒蟬效應。一位校長就說：「若是我家道殷實，不怕丟這飯碗，我就會出來講真話；但是話說回來，家道殷實、不需要這份薪水，誰又會來做老師，為這五斗米折腰？」

我想起這學期開學時，我請大學部的學生寫下人生的抱負和志願，兩百人之中竟然沒有一個人願意做老師，跟我們以前每個人都希望做老師是完全相反，令我非常驚訝。今天的社會弄到「師不聊生」，是誰的責任呢？有立法委員辱罵老師三字經，也有市議員罵大學校長是妓女，相信任何有血性的人都不能忍受這種侮辱；既然每個孩子都是寶，管了別人的小孩，自己落得飯碗不保、還要鞠躬道歉，誰會去做這吃力不討好的事呢？社會不尊師重道已經很久了，今天看到的只是冰山一角。

我們今天大膽地說出這些真相來，是因為這種風氣不改，台灣教育就沒有希望了。壞人的猖狂是因為好人的沈默，為了下一代，我們不能再鄉愿了，必須勇敢地站出來，改變這種頹廢的社會風氣。

教育孩子不是奴役孩子，一定要說明理由和準則

至於教育孩子，一定要讓他知道為什麼這個行為不能做，不可以為了偷懶、怕麻煩或沒有時間，而直接命令他不能做。教育孩子不是奴役孩子，孩子若不知道不能做的理由，他會把它解釋成：「你在，我不做；你不在，我就做。」因為是你不讓我做，你不在我當然可以做，這樣就失去教育的目的了。

Bubu老師說得對，處罰孩子之前，要先讓他理解自己做錯了哪些事，然後才能討論處罰的公不公平。我們大人經常忘記從孩子的角度來看事情，就逕自做出判斷，而且常用「我親眼看到」來支持自己的判斷。其實在心理學上，我們已知「眼見不為真」，不然怎麼會有「羅生門」這種三個人目睹謀殺案，三個人說的故事卻都不一樣的現象呢？大人在判孩子罪時，請一定蹲下來從他的角度看出去，不然經常會冤枉孩子，而造成Bubu老師說的，只要問話裡有「誰」這個字，連聽完整個句子都等不及，小朋友就忙著撇清「不是我，不是我」，生怕老師的板子已經到來。而Bubu老師的「誰」，找的其實是立功者而不是犯錯者。

看到這一段，我其實很難過，我們台灣的教育都把孩子教成爭功諉過的人了。其實犯錯有什麼關係，只要知錯必改就好了，何必一定要打呢？聖人都是寡過，而

不是無過（顏習齋說：「惡人之心無過，常人之心知過，賢人之心改過，聖人之心寡過。」），只要不犯第二次錯就好了，不是嗎？**孩子是從錯誤中學習的**。

其實，只有不打孩子，他才會誠實地告訴你他這樣做的真正原因，這個錯誤才改得過來。愛因斯坦說：「一個沒有犯過錯的孩子，就從來沒有嘗試過新的東西。」（Anyone who has never made a mistake has never tried anything new.）當我們不准孩子犯錯時，孩子一定會騙你，因為他是人，不可能不犯錯；而他又不想挨打，無可奈何，他只有用說謊來逃過板子。仔細想起來，這是我們大人把孩子逼上說謊這條路的。

勿以善意之名，教孩子學會取巧與功利

為了考試停擺生活、包裝成績，對孩子有何影響？

Bubu老師

在考試前停止一切活動，可能讓孩子養成不管責任所在、任意要求他人支援配合的自我中心，同時以為凡事都能用短跑衝刺來應付。

請人「包裝」申請學校的送審資料，不只會造成誤判，立孩子於尷尬之地，也是一種以善意強迫孩子作偽的教育，有失成人的責任。

洪蘭老師

父母要了解：讓孩子學會管理自己才是長久的，不要為了一時的考試而讓例行事務停擺，那會得不償失。而代辦甄試文件這種不誠實的行徑，反而會害了孩子，他如果上了能力不足以因應的學校，學習起來會很痛苦，比甄試不上還更糟。因為他做假，老師看不起他，他也看不起自己。

請問
洪蘭老師

考試也是生活的一環，不該被視為例外而停擺一切

我經常聽到家長們為了孩子要月考而寸步不離地陪伴或監督，甚至全家總動員為孩子複習功課。孩子們平常活動太多，考試那一週的全面警備，更突顯了前後生活的步調都脫離了應有的穩定。

家長為了孩子考試所做的生活調整，也許自己並未覺察到其中的不妥，如果小學就要為了月考停止所有的活動，國、高中又該怎麼辦？也難怪我們身邊有些孩子從醫學院畢業後，為了考執照需要整整休息一年來準備，不但什麼事都不能做，全家還要無微不至、從早餐到宵夜，照顧著這些家中的寶貝，這是我們這一代未曾聽聞的生活。

我自己在聯考前一晚還是一樣在飯後幫母親洗碗，我的女兒也一樣在各種考試前正常生活，但這並不代表我們沒有盡全力準備測驗。所以，我想起洪蘭老師在〈起居有時，養成正確的生活價值觀〉這篇文章中曾提到的一段（110頁）：

在我考大學時，父親告訴我："Familiarity breeds contempt."（親暱生狎侮。）大腦不喜歡一直讀同樣的東西，同樣的事情經歷久了會生厭也會疲勞，不是只有身體。他特別跟我母親商量，凡是要考聯考的孩子，家事雖不能不做，但可以挑項目。所以他叫我挑掃院子、擦地板、擦榻榻米這種可以分段做的工作，沒有聯考壓力的孩子則分配到洗碗、洗米這種有時間性的工作。

父親這個建議真的很好，我國文讀一讀，站起來去掃院子，回去換歷史讀一讀；覺得累了，又站起來擦地板，再換英文讀一讀。每換一門科目時，就用冷水洗一次臉，在沒有提神劑的幫忙下，我果然考上了第一志願。

我很想勸父母親不要用功利的態度來面對考試，是因為看到了不好的結果。孩子不只因此以為考試前要停止一切，更以為凡事都能用短跑衝刺來應付。想請問洪蘭老師，小學生如果在考前緊密複習，他所倚賴的是否只是「強記」，這對學習來說是好的方法嗎？

此外，孩子在學生階段所面對的考試，成年後就轉型成責任重大的工作或是特別困難的問題，在多數的情境中，我們都不能停止生活的其他事務只面對一種狀況，所以，這種教育是否應從兒童時代就開始，以連接未來現實所需要的習慣？

我在老師的文字中，看到您的父母親有兩點很值得大家學習的觀念，**一是對於**

「不能」的堅持，另一是對於「可以」的慈愛。父母因為要進行對孩子的「責任教育」，必須不短視近利、清楚地辨別哪些是「不能不做的事」；但父母也都疼愛孩子，對於身處壓力的孩子，也要提供不影響責任而「可以」通融的選擇，並為孩子說明其中的優點。

除了月考要全面戒備的家庭，我也遇過段考就要請假複習的國、高中生。考試的規模越大，請假時間就越長，以致後來也就會有要暫停一年考執照的醫學生了。我覺得，「全心全意」雖然是很好的心態，但這種狀況指的是自己的專注度，而非不管責任所在、或任意要求他人支援配合的自我中心，洪蘭老師同意這個看法嗎？

申請學校的準備，是孩子應該自我負責所完成的任務

關於考試的另一個問題，也想請洪蘭老師說明您的意見。這幾年台灣執行多元入學方案之後，有些家長開始請他們認為的專業人士幫忙孩子「包裝」要送審的各項資料，這種觀念正確嗎？

因為我的兩個孩子都是在新加坡美國學校就學時申請大學的，我對相關的程序與準備工作還算清楚。記得在十一年級時，輔導升學的老師會和家長見一次面，那

次的見面中有一個檔案是孩子截至談話日為止已經累積的送審資料，例如：之前的成績單、已經考過的必要測驗（PSAT或SAT）、修了哪些普通課程和進階課程，以及參與過哪些重要活動的記錄；然後親、師、生三方再針對接下來這一年還有哪些要準備的工作，逐一討論。

這場會面讓我覺得很有意義的是，我很了解任務的執行者是孩子自己，老師負責這一年的備詢指導，而家長是持續的關心者。在往後的一年裡，孩子自己在課業與活動的正常進行中，同步準備申請大學所需的一切工作，承擔雙重的任務使她們在那段時間迅速成長。她們的人生中第一次要同時周到地管理好多事，而這些事都攸關著自己的未來。

申請學校要送交的散文，是慢慢從草稿一次次重寫而成的。這份工作在孩子做功課的間歇中成為另一種轉換的腦力激盪，有時候她們唸一段給我聽、問我一些想法，文章雖然謹慎地寫了又寫，但只給學校的老師看、並徵詢意見，絕不可能請專人來寫。但如今我卻在台灣看到，有些父母覺得送交大學的文章非常重要，如果孩子寫不好，豈不誤了人生大事，所以他們希望讓專業公司來代勞。在我看來，這真是大錯特錯的一項決定。

我之所以非常反對這種作法的原因有二，不知是否有錯，再請洪蘭老師指正：

一是，我覺得孩子應該去一個與他實力相當的學校，父母若請他人包裝能力，反而會造成誤判，立孩子於尷尬之地。二是，這樣的代勞不只剝奪孩子為自己負責的權利，而且是一種以善意強迫孩子作偽的教育，有失成人的責任。

給Bubu的回應

考前開夜車，無法將短期的記憶變成固化的資訊

考前開夜車的念書方法是「強記」，所謂現炒現賣，考完就忘記，這不是好的學習方式。我們的記憶需要經過「固化」（consolidation），訊息進來之後會先在短期記憶處理，這時的記憶是很不穩定的，一定要等到資訊從短期記憶轉為長期記憶，那個資訊才是你的。

很多人都有這種經驗，在車禍發生前一剎那的記憶是空白的，警察來做筆錄，都想不起最後是怎麼撞上的。英國黛安娜王妃出車禍時，坐在前座的保鏢並未死亡，醒來後卻無法回憶出當時的情況；桃園縣長劉邦友命案中也有一個鄧文昌議員腦部中彈卻未死，他被救活後也講不出命案是誰下的手。我們的記憶就好像手在石膏盆中壓了一個印子，假如石膏還沒有硬就把盆子拿起來搖動，手印子就不見了；但如果等石膏硬了，再怎麼搬動，手印都還在。這個固化的歷程是在睡眠時，尤其是做夢時進行，所以臨時抱佛腳的東西是存不久的。

該做的事就要去做，養成紀律遠比考一百分重要

Bubu 老師講的「該做的事就要去做」，這是責任、也是紀律。曾有個國立大學大三的學生休學在家準備高考，他想的是考上高考後就會分發、就有工作了，那時有沒有大學文憑已經不重要，既然有了工作，又何必浪費時間多讀一年書呢？我對他的觀念很是憂心，他讀書的目的只是為了換一張可以就業的文憑，假如他認為有了工作便不需要讀書，他以後也不會是個好的公務員，外面知識翻新得那麼快，不自己讀書進修，怎麼跟得上時代？

很多孩子對自己的人生一直沒什麼概念，隨波逐流，這個工作做做，不如意再換個工作做做，都是騎驢找馬、走走瞧瞧。有句英諺說："Rolling stone gathers no moss."（滾石不生苔。）一直換工作累積不了經驗，而且企業家不喜歡僱用沒有定性、頻換工作的職員，這會浪費他們的人事成本。這問題是出在孩子小時候書看得太少，

不足以形成他的人生觀。美國作家詹姆斯・米契納（James Michener）說：「孩子小時候所讀的書，會內化成他的國家民族觀念、對族群的認同、對人生的理想和對自己的抱負。」這是很正確的，天真柔軟的心很容易受感動，並且因感動而內化成自己的價值觀，所以小時候讀的書很重要。

父母一定要了解，考試只是一時的，讓孩子學會紀律、懂得管理自己才是永久的。父母不要為考試而讓生活例行事務停擺，那會得不償失，養成紀律所獲得的代價，遠大於暫時的考一百分。

請人代辦文件非但不會加分，反而可能害了孩子

我個人非常反對家長出錢找補習班代辦甄試的文件，包括自傳、生涯規劃、研究興趣等，因為這等於是教孩子作假。我曾看過兩份自傳幾乎一樣，只有學生的名字和地址不同，最妙的是我請這個學生說明一下他為什麼會對西洋劍感興趣，他竟然答不出來，因為他連西洋劍是什麼都不知道。原來補習班認為大家喜歡的運動都一樣，沒有區辨力，於是替他填了一個奧運項目，認為會使老師刮目相看，這果然有效，老師注意到了，但是也把學生給刷下來了。

有經驗的老師看到印得很漂亮的申請書，心中多半有些底，那些包裝過頭的資料不但不會加分，還會減分。例如有個學生附上小學一年級的獎狀，照理說十多年前的紙張應該會發黃，但它卻光亮如新。我問他小學校長叫什麼名字，他答不出來，原來那張獎狀是假的，是補習班自己做的，這種不誠實的行徑反而會害了學生。而且，他如果真的甄試上了能力不足以因應的學校，學習起來會很痛苦，比甄試不上還更糟。因為他做假，老師看不起他，他也看不起自己。

補習班代辦入學文件的歪風實不可長，不過只要審核老師用點心，應該不難抓出找人代辦的文件，只要不錄取這些學生，這個風氣就會自然平息。當然，這也是因為台灣的大學沒有好好把關，只要進得去，一定出得來，不像美國淘汰率很高，勉強矇進去了也會讀不完，所以現在的父母根本不擔心孩子會讀不來、被當（我聽說還有學校是只要有上課，就一定不會被當）。

我們也注意到，**學生其實並不同意父母的做法，因為每次一問：這是你自己準備的嗎？學生的頭便低下來，表示他很內疚，所以父母真的不要幫倒忙**。曾經有個風光進入名校就讀的中國學生，一學期以後，偷偷休學回家去念社區大學，他的父母從此不出來應酬，連家族聚會也不參加，我們只是很慶幸這個孩子沒有被父母逼成神經病。所以，父母不要為了自己的面子問題，害了孩子一生。

不需用卻還用的浪費，要有更妥善的分配

如何慎用教育資源，讓更多孩子一起受到照顧？

Bubu老師

當我們都理解家庭型態產生變化，
也承認教育沒有獨善其身的可能，
好好照顧每一個孩子，就是共同的責任。
不要為自己的眼前利益而爭奪，比較有能力的家庭，
把可以不要使用的資源讓出來給真正需要的孩子，
教育的品質就會一起提升，所有父母才能安心快樂。

洪蘭老師

資源的分配應該從有需求的先照顧起，
而不是為了公平起見，每個人分一點。
公家資源非常有限，這時老師的公平性，
就在於確保弱勢者也有辦法受教育，
文明社會的指標，是要使所有人都能站在相同的競爭點上，
而教育是脫離貧窮唯一的途徑，老師要給孩子這個機會。

請問
洪蘭老師

父母想主動在家輔導孩子課業，卻被老師拒於門外？

我在幾年前認識一個小朋友，他今年上小學了，雖然很早就開始學習，但主要是以聽故事朗讀、父母親帶看繪本或對談為主，學齡前並沒有提前認字與書寫。

上小學一年級之後，雖然學校是以注音開始教學，但多數的孩子早已熟練，這時小朋友的媽媽也開始緊張了，因為她發現孩子會躲避媽媽邀他一起練習拼音。有一天，這位媽媽打電話問我該怎麼辦，我建議她要跟級任老師談一談，但她卻告訴我，開學第一場的親師懇談會中，老師就已經要求父母不要在家教孩子拼音，她現在不敢去說了。

老師提到，父母親用的可能是舊方法，新的拼音法是一眼就要能讀出一個字的音，而不是「拼」出來的。其他科目也一樣，老師希望家長能尊重他的方法，如果父母也在家教，這會使孩子感到更錯亂。

我很訝異，一直都以為學校的老師會希望父母多關懷孩子的課業，原來有些老師卻希望父母不要插手，以免與學校採用的教法混淆。我問這位媽媽，親師懇談會那天有沒有家長對這種說法覺得疑惑，她說沒有。但如果我是家長，至少我想提問兩點：

- **如果用舊的方法教孩子，會產生學習上的哪些問題？**
- **為尊重老師的考量與了解新教法的優點，老師是否能為家長解說新的拼音法，以便孩子在家有疑問時，能以正確的方法回答，達到親師合作的目標。**

據我所了解，孩子遇到問題時總是很習慣要詢問身邊的大人，對於這麼基礎的學習，父母不可能回答需要指導的孩子說：「爸爸媽媽不能教你，我會教錯，你等明天再去學校問老師吧！」如果孩子真的從小聽父母這樣拒絕他們，可能也不容易尊重或信賴父母了。

這件事使我回想起二〇〇〇年帶女兒回台灣上學的心情。雖然這段拒絕夜輔的故事因為被我寫在書中，而常常被單一解釋為「孩子留在家中吃晚餐的堅持」，但其中我對於教育資源的考慮，卻不曾被討論。時間匆匆又過十四年，當時的想法放在今天的環境中，似乎更值得一提，我很想跟洪蘭老師討論這個觀念，並聆聽您會如何給親師雙方建議。

教育不該只為少數家庭服務，更應為多數孩子的利益著想

由於社會環境的改變，雙薪家庭的比例大增，許多孩子不能不去安親班或留校自修。雖然我非常希望小朋友留在家中的時間多一點，但看到每個家庭有各自的負擔與經濟考量之後，慢慢就更理解那些放棄自己理想生活、兼顧工作與家庭的母親們心中的憂慮。大家都很辛苦，如果能彼此幫助，也許擔子就不會越來越沉重。當我們都理解家庭型態產生變化，也承認教育沒有獨善其身的可能，那麼好好照顧每一個孩子，就是共同的責任。

一個孩子好不好必定會影響其他的孩子，所以，我們看到有些父母不希望他的孩子跟另一些孩子做朋友，他們在怕什麼？怕被帶壞、怕不安全，但這些害怕都不是以逃避或隔絕能解決的，唯有一起照顧、教育他們，為他們謀求共同的好環境，才能使所有為人父母者免於恐懼。

我認為最好的方法是，不要為自己的眼前利益而爭奪，甚至浪費教育資源，比較有能力的家庭，把可以不要使用的資源讓出來給真正需要的孩子。一旦教育不再為少數家庭服務，而能為更多數孩子的利益著想，我們的教育品質就一起提升了。對於如何好好分配教育資源，應該有更多的家長願意深思並積極採取行動。

像是夜輔這樣的活動，我認為學校不應該要求集體參加，對於不願意加入的學生，更不應該譴責為沒有「團隊精神」。課後的輔導是多麼珍貴的教育資源，如果親師進行誠懇的討論，把它留給需要的學生，那該有多好！

資源分配不當，對於學校中的弱勢者會造成更大壓力

單從夜輔來看，目前不同的家庭需要至少可分為幾種——

1. 有時間又有能力可以輔導孩子功課的父母：這樣的家庭應該鼓勵他們課後把孩子帶回家由家長輔導。

2. 沒有時間但有能力的父母：由老師勸說他們盡可能抽空關心孩子的課業，並說明親養善教可以增情啟智。

3. 有時間卻沒有能力的父母：例如逐年增加的新移民母親，讓她們參與課後輔導的實際事務，藉著照顧孩子提高自己的學習程度，並能以學業為內容來關心孩子、解除憂慮（這是我與新移民母親談話時，對她們最感同情的部分）。

4. 沒有時間又沒有能力的父母：學校的資源應盡量留給這樣的家庭，並且定期讓父母了解孩子的狀況，引發他們在有限的條件中也能關心盡力。

我認為，家庭環境較好的父母把輔導資源留給真正需要的孩子，絕對不是一種損失，反而將因此受惠。因為更多孩子受到好的照顧，教育環境就能變好，每一對父母才能真正安心快樂。

我把這兩個問題連結起來，最終的目的還是要建議大家慎用教育資源。一個時間足夠、又想親自輔導孩子的父母不能與學校老師合作，是不是資源的浪費？而如果從小一開始，父母就已退出在家能進行的教學關懷，日後一遇到學習有問題，難免會想到非受專業指導不可，當然更要送補習班了。這樣一來，孩子不只離家越來越早，為了學習而耗費的資源也越來越多，這是不是教育的退步？

請問洪蘭老師是否覺得，親師之間應該以孩子的進步為題，定期聚會討論實行的方法，善用現有的條件，並認真檢討實施之中所發現的問題？

我記得美國就有一位老師，因為善用資源而把程度非常差的孩子帶到讓人驚喜的程度。這位老師強調親、師、生是學習中契約的三方，大家都要各盡其責才會成功。無論體制內外，每個教育環境都各有強弱的族群，目前台灣教育條件的差別，更深受親師價值觀念與家長社經地位的影響，如果資源分配不當，對於同一個學校中的弱勢者就造成更大的壓力，破壞了教育應帶給每一個人公平機會的願景。

給Bubu的回應

資源的分配，應該從有需求的先照顧起

前陣子與嚴長壽總裁一起吃飯，他談到教育部看見偏鄉孩子的英文能力不足，於是撥了一筆款項，要聘請合格的老師來提升孩子的英文能力，而開了好幾百個英文老師的缺。想不到城裡有缺了之後，偏鄉的老師都往城裡跑，偏鄉反而更受害了。所以，資源的分配應該從有需求的先照顧起，而不是為了公平起見，每個人分一點。天下事有很多看起來公平，其實卻是非常不公平，**我們不要表面的假公平，而是要實質對孩子有幫助的真公平**，就如同Bubu老師所說的輔導資源分配一樣。

公家資源非常有限，雖然很多政客說：「窮不能窮教育，苦不能苦孩子。」但那完全是選舉時騙選票的，選舉一過就不認帳了。這時老師的公平性就在於確保弱勢者也有辦法受教育，例如辦理清寒獎學金，老師可以理直氣壯地把公家資源拿來幫助窮孩子。一個文明社會的指標，是要使所有人都能站在相同的競爭點上，不因財富差異有所不同，而教育是脫離貧窮唯一的途徑，老師要給孩子這個機會。

只要教得會孩子，什麼方法都是好方法

至於老師不讓父母在家中教，覺得父母用的是舊方法，這一點我不太懂。鄧小平不是說「黑貓、白貓，會捉老鼠的就是好貓」嗎？只要教得會孩子，什麼方法都是好方法。尤其每個孩子不一樣，適合甲的方法不一定適合乙，不然孔子為何要說「因材施教」呢？我唯一能想起來的理由，是曾經有人主張學生在學校是學習，在家是享受親子相處的時光，如果父母在家也扮演老師的角色，孩子的身心整天不得放鬆，會覺得老師的陰影二十四小時跟隨著他，所以不主張家長這樣做。

這當然是從孩子恐懼學習的觀點出發，才會使用「老師的陰影」這種字眼。其實，學習哪有分教室內、教室外？就像知識哪有分課內和課外？孩子眼睛一張開，無時無刻不在學習，只是學校的教育我們叫做 formal education，它是有組織、有進度、制式化的教育，變通性比較少；在家庭中，孩子學的是生活上的教育，是跟人相處的道理與法則。它們都是教育，只是教的方式和內容不同而已。

父母究竟要不要扮演老師的角色，我想是見仁見智的問題（其實父母還不是隨時隨地在教孩子，不需要替自己找麻煩，把它分得如此清楚），只是父母在教自己的孩子時，一定要有耐性，不要兇、不要罵、不要讓孩子恐懼，產生在學校挨罵，

回到家來還是挨罵的感覺。古人說「易子而教」是有道理的，因為很多時候，教自己人常會態度更不好、更沒有耐心，理由是都是自己人，不必講客套。但這個觀點是錯的，跟你最親的是自己人，最不能得罪，因為每天要見面、要生活在一起。這個錯誤觀念使許多夫妻講話很沒有禮貌，也讓孩子以為對自己人就可以沒大沒小，其實，任何關係只有「敬」才維持得下去。

不能因為大部分孩子已學過，就跳過注音符號的教學

本來注音符號是進小學才教，現在因為「偷跑」在幼兒園就教了，讓一些沒有學過的孩子一開始就落後，以致於後面的課程跟不上，這是學校的不對，老師不能因為大部分的人已學過，就跳過注音符號或英文字母的教學。有這種心態的老師，我是嚴厲譴責的，因為一年級是打根基，其他學生即使已經會了，熟讀精讀也沒有關係，根基只怕不穩，還沒聽過怕太穩的。

我很難過的是，在台灣，常常被犧牲的就是沒有錢去上補習班的孩子。有老師告訴我，他在班上問過：是不是每個人都學會了注音符號／英文字母？學生自己不舉手，他當然就認為都會了，所以跳過。其實，老師應該要知道，很多學生不敢在

班上說話，尤其是一年級的孩子，老師要從家長聯絡簿或私下問孩子，才會真正了解。在班上叫學生當眾回答，即使大一點的學生也還是不敢說，更不要說剛入學的一年級新生。

有的孩子是不好意思承認自己還不會，對於還不會的學生，老師如果想趕進度（其實進度也是一個錯誤觀念），不妨把這些孩子在課後找來稍微輔導一下，不必強調別人會你還不會，這種做法會傷孩子自尊心，只要告訴他們熟能生巧，現在多練習一下就「巧」了。學習需要時間，就像大腦的發育需要時間一樣，教育是要有耐心的，多給這些孩子時間，讓他從熟悉這些符號開始，最後變成精熟。

在學習方法與價值觀念也如潮流般迅速改變的今天，
只有心情穩定的家長才能幫助孩子成就知識的內涵、
領悟如何透過學習紀律豐富自己的快樂。
不要忙著為孩子找尋「輕鬆易就」的學習捷徑、
不要只忙著顛覆過去的經驗。
先解開自己對「要求」、「模仿」與「因循」的迷思，
了解這些過程有益於學習的部分，
只要不是受「無理要求」、「不了解的模仿」或「苟且的因循」所綑綁，
孩子就不會成為呆板的學習者。

第四部

釋放學習的真自由

創意的背後，更要有扎實的學習與練習

只要孩子跳脫規則、與眾不同，就是有創意嗎？

Bubu老師

我所看到很有創意的孩子似乎都有一種特質，
他們視許多規範為自然，因為心中感到真自由，
所以並不覺得學習的要求是難以忍受的綑綁，
這些孩子往往能創造出讓人驚喜的作品。
刻意求反、一定要顛覆標準的想法實際上卻阻礙了學習，
形成另一種刻板，影響個人觀察與判斷眼前事物的能力。

洪蘭老師

反對別人的看法不是創意，提出更好的看法才是創意。
所有的大師都是先下苦工，
一點一滴如學徒般開始學習、累積經驗，
再熟能生巧，從舊有之中變化出新的創作。
即使再好的點子，也是要做出來才算數，
而執行的過程，沒有紀律和毅力是不可能成功的。

請問
洪蘭老師

過度「以創意為名」，反而模糊了行事的標準

跟「興趣」一樣，「創意」在近十年深受家長的重視。洪蘭老師在演講中也經常提到創意的重要，所以，我想請您更仔細地就今日的教育現況，來討論提倡「創意」在學程中所產生的影響。

我跟孩子一起工作雖然只有短短的六年，但經常從他們對指定工作的回應中，看到強調「創意」對新一代小朋友所產生的影響。每當我指定一份工作時，班上一定有幾個孩子會問我：「我可以不要……嗎？」他們所謂的「可以不要如何」，就是不想按照指定的工法或遵循一樣的形式。

有趣的是，有些孩子甚至連我「要」的是什麼都還沒聽完，就已經在忙著問「可以不要」了嗎？孩子們似乎有一種迷思：只要與眾不同，就會得到「有創意」的稱讚。這種刻意求反、一定要顛覆標準的想法實際上卻阻礙了學習，形成另一種刻板，影響個人觀察與判斷眼前事物的能力。

孩子有這些反應並不奇怪，因為今天多數的父母也經常很簡單地認為：紀律是綑綁，創意是開放。他們為了讓孩子擁有所謂有創意的啟發式教育，而不敢給任何規定。父母認為，孩子無論何時何地都要擁有如天馬行空般的自由，才能使天性得到發展，洪蘭老師同意這樣的看法嗎？

我經常在指出小朋友工作上的某些錯誤時，他們不只不以為然，還會理直氣壯地回答說：「有什麼關係！如果是我們的老師，他就會說，這樣也很有創意啊！」小小的腦袋因為接受太多「以創意為名」的鼓勵，幾乎覺得事事並無標準可言，也無事不能以創意了結。老師對此又有什麼樣的意見？

學習陳腔不是錯，把陳腔唱成濫調就是問題

有一次，有位朋友請我看一下她兒子的作文，雖然是語文資優班的高中生，但寫作辭不達意。我針對他給我看的文章，從老師簡單批改的部分討論起，再從遣詞用句與思考結構的角度建議他如何重寫。那天，我用的是紅筆，談論時在句行之間寫了一些要點，離開前，我叮嚀他也把重寫要交出的文章用電郵寄一份給我。

一星期後，讀到他寄來的文章，我真是嚇了一大跳，因為他只是把自己原來的文章加上我用紅筆寫下的要點，直接相連成新的一篇，這篇文章不只沒有完整的意

義，更無文法可言。

我問他，老師看了之後怎麼說，本以為大概是要挨一頓罵的，沒想到孩子卻告訴我，老師的評語是：「文章短則短矣，但頗有創意。」

我覺得淺釋創意已對學習造成危害。當指導者把學生的「不正確」、「不精采」或「不夠用心」等等是膚淺的表現都解釋為「創意」時，孩子就更不了解該下工夫的意義了。家長是否要先解開自己對「模仿」與「因循」的迷思，了解這兩種過程對學習有益的部分，只要不是「不了解的模仿」或「苟且的因循」，孩子就不會成為呆板的學習者。學習陳腔不是錯，把陳腔唱成濫調就是問題。

教育家杜威曾對創意有一段很好的說明，家長如果了解，對於輔導孩子應該會有幫助：

思想是有創造性的，是涉入新的事物。思想包含發明的意思。引動的聯想當然一定在某些脈絡關係上是熟悉的。……牛頓的原創性在於應用這些熟知事物的方法，把它們放進不熟知的架構裡。每次不凡的科學發現、每項偉大的發明、每件了不起的藝術創作，也都是如此。只有沒有常識的傻瓜會認為奇怪的、幻想的東西才是有原創性的。

想像力不是無中生有，創意也不是反對規則

有些人認為創意的指標就是顛覆傳統，只要反對多數人的看法就是創意，做別人不敢做的事就有創意。孩子受此影響，養成了不明所以就先反對的習慣，但他們反對的背後其實是沒有真正的看法或主張的，請問洪蘭老師怎麼看待這些情況？

有一次，我看到一位教導創意的老師整個人坐到講桌上開場，他挑戰地對學生說：「為什麼桌子不能用來坐？如果你們覺得我的舉動很奇怪，就是沒有創意。」我覺得這位講者不只缺乏真正的創意，對傢俱與人類生活的沿革也沒有常識。

在我的理解中，創造需要技術，而技術需要學習與練習。所以，我很同意朱光潛先生說的一句話：「創作是奠基於舊經驗的新綜合。」洪蘭老師以研究大腦的專業來檢視這句話，是否也成立？創造力是可以直接學習的一種能力嗎？還是需要很多基礎能力來激發串聯的心智展現？

我看到很有創意的孩子似乎都有一種特質，他們視許多規範為自然，因為心中感到真自由，所以並不覺得學習的要求是難以忍受的綑綁，這些孩子往往能做出讓人驚喜的作品。比如說，有一次我請小朋友用毛線設計並做出他們記憶中媽媽的髮型，當我建議縫線用白色，這樣針腳可以表現出髮際的分線，有幾個孩子一聽完就

問，可不可以不要用白色的線，可不可以不要……當他們還在苦思著如何反對，另一些小朋友已開始動手嘗試其中種種可變動的條件，在大方向下完成真正有創意的成品。我最記得的是，有個孩子用了四、五種同色系但深淺不一的毛線，把媽媽的頭髮縫得好生動。他的作品無須多加解釋，就使我相信他是一個很有創意的孩子。

杜威曾提醒大家，想像力不是無中生有，家長也應該了解，創意的意思並不是反對規則。

給Bubu的回應

創意是思想上的自由，更需要紀律來執行

啟發式教育是引導孩子透過歸納和演繹，自己去找出答案，它跟紀律一樣是學習的要件。紀律絕對不是綑綁，紀律是明瞭自己的責任，自動自發去做自己應該做的事；綑綁是against freewill（違反自由意志），把外力強行加諸到身上，強迫其就範服從，它跟紀律有很大的不同。通常我們講到紀律，是指這孩子已經把規矩內化

成他行為的準則，是已經誠於中，才會形於外，在他的行為中自動地表現出來。

創意是思想上的自由，不是行為上的放蕩。或許有些人受到藝術家不修邊幅的錯誤觀念影響，以為去買個法國扁帽來戴一戴，鬍子三天不刮、衣服一週不換，就是藝術家。其實真正的藝術家是很有紀律的，米開朗基羅仰躺在西斯汀禮拜堂的高架上，畫了四年才完成《創世紀》這幅名畫，沒有紀律怎麼受得了這種苦？紀律是所有成功的要件，即使再好的點子，也是要做出來才算數，而執行的過程，沒有紀律、沒有毅力是不可能成功的。

想要標新立異，也要標得有道理、有美感

現在也有人把創意和標新立異劃上等號，但創意不只是標新立異而已，它還得標得有道理、有美感，很多時候還要有實用價值，這項創意才會流傳下去，不然時尚的風潮一過就會不見蹤影。美雖然是主觀的，它仍有客觀成分在內，所謂英雄所見略同，每次藝術評比，評審雖然各自打分數，但是最後結果揭曉，其實八九不離十，大家的結論都很相近。也就是說，好的東西大家還是會看到、會喜歡。

雖然美感是直覺的，無法訴諸文字，但至少大多數人對美都有同樣的觀感，因

此影視明星的內衣外穿是標新立異，的確與眾不同，但內衣不穿在內，就違反了內衣的定義，於是流行不久。王爾德（Oscar Wilde）說：「時尚就是一種醜，醜得我們無法忍受，以致每不到六個月就必須換一次。」這雖然有點刻薄，可是想想，真正好的東西是持久不變的。

創意並非只是破壞舊事物，更要有積極的新建設

我對年輕人把叛逆視為創意有點憂心，或許是很多孩子的想法不被大人接受，因此他們反抗現實，故意跟父母唱反調，就好像越戰時的嬉皮。嬉皮文化的確改變了美國社會，把人們從很多不合理的桎梏中解放出來，但是破壞容易建設難，不可諱言地，在舊的價值觀被唾棄、又沒有新的出現得以取代之際，美國人經歷了很長一段時間的空虛狀態，心靈找不到寄託。很多人於是去東方尋找智慧，因為舊的破了、新的未起，人們不知何去何從。

反對別人的看法不是創意，你要比別人提出更好的看法，才是創意。所有的大師都是先下苦工，一點一滴如學徒般開始學習、累積經驗，再熟能生巧，從舊有之中變化出新的創作。所以畢卡索、張大千都曾臨摹別人的畫，這並不羞恥，人本來

就不是生而知之，必須要學，妄想不下苦工、一步登天是不可能的。勞動是教育孩子品德很好的方式，不流汗、不懂得吃苦就不懂得珍惜，空有動機，沒有紀律、沒有毅力去完成，也是枉然。

我不曉得什麼叫「真正的創意」，但一般來說，能從不同的角度來看事情、能在同一件事情上看到別人沒有看到的層面，都叫「創意」。父母只要平日不把孩子限制得太死，創意就會無時無刻不從孩子的大腦中飛出。幾米說得好，「一顆蘋果被蟲咬了一口，人會說：真可惜，好蘋果變成爛蘋果了；一顆蘋果被人咬了一口，蟲會說：它還是一顆好蘋果。」所以不要用你四十歲的世故去看他五歲的天真，只要克制你自己，不去常常給他潑冷水，孩子的創意是你攔不住的，因為好奇是動物的本性，而人是動物。

在確定「沒有興趣」之前，先幫助孩子「學會」

能不能做得好，是判斷有沒有興趣的唯一標準嗎？

Bubu老師

我們其實不能從孩子無法做好一件事，
直接判斷他一定沒有興趣，
因為很可能他只是沒有受到正確的教導，
在確定「不愛」之前，要先改變方式幫助他們「學會」。
但是，如果能做得很好，卻仍然不喜歡那件事情的孩子，
我們就應該允許並幫助他們去尋找另一份真正的興趣。

洪蘭老師

很多父母誤以為興趣最重要，「有興趣就能學好」，
而接受孩子以「我沒興趣」當成不好好學習的藉口。
其實，興趣只是敲門磚、是個推手，
光有興趣，不肯下苦工，同樣是一事無成。
而責任必須超越興趣，凡是該做的事，
不論有無興趣都得做，因為它是責任。

請問
洪蘭老師

「興趣」是快樂學習中的仙丹妙藥，還是不實夢想？

過去，一個孩子沒把事情做好時，家長通常會認為孩子是不夠認真；現在，父母面對同樣的情況，卻往往認定孩子是因為不感興趣而無法學成。在我看來，這兩種態度都太獨斷，缺少教育者應有的關懷。所以，我想跟洪蘭老師討論「興趣」這兩個字背後複雜的力量。

當父母對於「有興趣就能學得好」這句話深信不疑時，會從中推想出並不正確的看法：人做有興趣的事必能輕易上手、會很快顯現出成果，而且做的時候都很愉快（這剛好是快樂學習的不實夢想）。因為有這樣的誤解，所以當孩子在學習上遇到困難而不願再努力時，父母就認為他對這項技術或知識缺乏真正的興趣。

在社會上，人們看到一個人把事情做得很好或做得很久的時候，經常也會說：「因為他很有興趣！」好像「興趣」可以神奇地化所有的辛苦為快樂，是學習中的一帖仙丹妙藥。現在社會又因為交流多，親師之間探討這些論點都聽在孩子耳裡，於是孩子也開始產生一種心態，只要做事稍遇困難，就想放棄。我遇過好幾個年紀還很小的孩子，就會學著大人的語氣為自己解釋：「我的興趣不在這一塊。」有一次，我又好氣又好笑，很想回問：「要不然說說你的興趣在哪一塊？」

洪蘭老師同意如此簡單地以興趣來做為學習應該放棄或繼續的標準嗎？在小朋友還在學習基礎知識、接受基本教育的階段，如果任憑他們以興趣為由來決定自己的學習態度，是否會造成常識不足的結果？

比如說，當我發現小學五、六年級的孩子對基本的世界地理並沒有足夠的概念時，有些父母就會幫孩子解釋：「他比較喜歡科學的東西，比較不喜歡地理、歷史這些死記的東西。」要如何讓父母了解，中學前的基本科目，是無論有沒有興趣都應該具備的基本程度常識，跟大學選擇去念地理系或歷史系的意義有所不同？

自以為沒有興趣的學習，也可能透過引導而改變

我從小就很討厭吃煮成鹹味的豆子，一直到二十幾歲時，第一次在德州吃到墨西哥餅中的豆泥，才完全改變我對豆子的想法。喜歡之於口味，應該類似於興趣之於事物，原本自以為沒有興趣的學習，如果遇到了適當的引導，還是會改變的，對嗎？對於必須具備卻缺乏興趣的能力，改變引導的方式是否應被教育者視為責任？

我想請洪蘭老師看看梁實秋先生的一段文章，您也同意用紀律來思考某一個階段的學習嗎？

高中與大學一、二年級，是讀書求學的一個很重要階段。現在所謂讀書，和從前所謂「讀聖賢書」意義不同，所讀之書範圍較廣，學有各門各科，書有各種各類。但是國、英、算，是基本學科，這三門不讀好，以後荊棘叢生，一無是處。而這三門課，全無速成之方，必須按部就班，耐著性子苦熬。讀書是一種紀律，談不到什麼興趣。

梁啟超先生是我所敬仰的一位學者，他的一篇〈學問之趣味〉廣受大眾歡迎，很多人讀書憑興趣，無形中受了此文的影響。我也是他所影響到的一個。我在清華讀書，竊自比附於「少小愛文辭」之列，對於數學不屑一顧，以為性情不近，自甘暴棄，勉強及格而已。留學國外，學校當局強迫我補修立體幾何及三角二課，我這才知道發憤補修。可巧我所遇到的數學老師，是真正循循善誘的一個人，他講解一條定律一項原理，不厭其詳，遠譬近喻的要學生徹底理解而後已。因此我在這兩門課中居然培養出興趣，得到優異的成績，蒙准免予參加期終考試。我舉這一個例，為的說明一件事，吾人讀書上課，無所謂性情近與不近，無所謂有無興趣。讀書上課就是紀律，越是自己不喜歡的學科，越要加倍鞭策自己努力鑽研。克制自己慾望的這一套功夫，要從小時候開始鍛鍊。讀書求學，自有一條正路可循，由不得自己任性。梁啟超先生所倡導趣味之說，是對有志研究學問的人士說教，不是對讀書求學的青年致詞。

真正沒有興趣的事，做得再好也不想繼續

大家經常為興趣重不重要而辯論，我想請問洪蘭老師，以下的看法是否正確：我們其實不能從一個人無法做好一件事來直接判斷他一定沒有興趣，因為很可能這個人只是沒有受到正確的教導。所以，在確定「不愛」之前，要先改變方式幫助他們「學會」。但是，如果能把事情做得很好，卻仍然不喜歡那件事情的孩子，我們就應該允許並幫助他們去尋找另一份真正的興趣。

記得我們一起到馬來西亞時，我曾請教老師一個問題。當時有位朋友的女兒想要從餐飲科轉到育保科，但學校老師不肯，因為老師覺得她已經很愛翹課，在育保科會無法畢業，而她餐飲的基本功很好，應該留在餐飲科輕鬆畢業，為什麼要轉科冒不能畢業之險。

我很反對學校老師這種看法，因為這個孩子曾在我的餐廳打工過一整年，我是

第一次看到一個孩子能把一件事做得那麼好，卻那麼不高興的。我因此而認為她雖然在廚事上很有天分，對餐飲業卻缺乏真正的興趣。所以，她並非是拿著興趣當藉口準備落跑，父母與老師應該幫助她尋找出真正的興趣。也許，她去了育保科，因為有興趣就不再翹課了。記得當時您也贊同我的想法，並以自己為例告訴我，您在台大法律系雖然讀得很好，即使拿了書卷獎卻沒想要走入法律界，出國留學後，還是重新找了方向。

很有興趣的事，也不是就能輕易完成

接續您以自己的例子印證——「沒有興趣的事，做得再好也不想繼續」，我想再跟洪蘭老師討論「很有興趣的事，也不是就能輕易完成」這個觀念。

記得您在另一場演講中又曾說到，到美國開始進入新的領域學習非常辛苦，但因為人去做有興趣的事，就會不以為苦，所以當時雖然有經濟與學習的雙重壓力，身心卻感到充實快樂。那麼，我們可以說，興趣代表的並非是學習天分，而是一種學習驅力、或幫助克服困難的耐力嗎？

有位讀者曾經問我，她的孩子從高中休學，不肯去讀書了，因為他說自己對表演魔術有興趣。我問這位媽媽，那這個孩子現在為他的興趣做了什麼努力，是否自己也在進修魔術，媽媽說沒有，他只參加過一次比賽，平常什麼也沒有做。在這種情狀下，我們應該如何指引一條路，讓孩子看清興趣並非是逃避眼前生活的藉口？

如果我們看到孩子對於自己表示有興趣的事做得實在不好，應該如何給予輔導？

給Bubu的回應

「我沒興趣」不該成為「不好好學習」的藉口

現在，「興趣」被學生拿來做為「不想學習」藉口的程度，就好像法國大革命時的「自由」一樣，「多少人假汝之名」逃避功課和現實。很多父母誤以為興趣最重要，「有興趣就能學好」，而接受孩子以「我沒興趣」當成不好好學習的理由。其實興趣只是敲門磚、是個推手，興趣再高還是需要努力，才能成大師；光有興趣，不肯下苦工，同樣是一事無成。

在新加坡開米其林餐廳的江振誠，他對餐飲有興趣，但也曾在法國米其林大廚的餐廳裡無工資地削了兩年的馬鈴薯，他是吃得苦中苦，方為人上人的好例子。相反地，有些人因為家境貧困，不得不做某個沒有興趣的工作，但是做久了，在工作中找到價值、有成就感了，興趣也就出來了。一九六九年，紐約市有個下水道工人退休，市長、州長都來為他開惜別會，記者問他：「下水道這麼臭，你怎麼能忍受三十年，而且甘之如飴？」他回答：「起初為了一家溫飽，我只好忍受。有一次，一台抽水機短路壞了，海水立刻湧進，我才發現原來自己的工作關係著全紐約市民的安危，只要一台抽水機壞掉，紐約市的電路、地鐵都會停擺，因此我每天必須盡責地巡邏。久而久之，我不再覺得它臭，我看到的是自己工作的重要性，於是就這樣過了三十四個寒暑。」市長則說：「他是顆小螺絲釘，但因為盡責的螺絲釘，我們才能安心生活，我今天代表全紐約人民來向他致敬。」

這件事發生在我剛去美國念書的時候，讓我印象深刻，因為我從中看見了美國富強的原因，更想到人生不可能樣樣遂心，拿到不好的牌卻打到滿貫的人，更值得敬佩。小時候家裡養雞，我被分配到餵雞的職務，我不喜歡，因為雞糞很臭，但不能不做，這是責任。餵久了之後，每天只要我一走近，雞就全部圍過來，遠處的雞甚至會飛奔過來，那種被需要的感覺讓我即使生病發燒都會起床去餵雞。所以，興趣有天生、也有後天培養，它們都帶來成就感，只是前者做起來容易一點罷了。

興趣在學習中固然重要，但成就感更是關鍵

哈佛大學做過一個實驗，研究者找了對樂高有興趣的大學生來組合樂高，第一次組合給兩塊錢美金做為酬勞，第二次比第一次的報酬少十一分，只有一塊八毛九分，第三次比第二次再少十一分，學生可以一直做到不想做為止，不限時間、沒有金錢上限。兩組的待遇一模一樣，但是第一組做完後，實驗者會在桌子底下偷偷把它拆掉，裝回盒子裡；第二組則是讓受試者看到實驗者當面把他剛組合好的樂高拆掉，再裝回盒子裡。結果第一組的學生可以做十幾次，減到最後幾乎都沒有報酬了還在做；而第二組的學生看到組好的成品被拆掉，覺得前功盡棄、沒有成就感，做一做就不想做了。他們原本都是喜歡樂高的學生，可是一旦覺得自己在做白工，沒有成就感就會使興趣消失。所以，興趣固然重要，成就感更為重要。

在我初識字時，每次上街，父親都會叫我唸唸看廣告招牌，唸對時他很高興、會對我微笑，這種非物質的鼓勵要比給錢給獎品的效力更大，讓我和妹妹拚命去認識新字來取悅大人。每年元宵，父親還會帶我們去猜燈謎，他說好的燈謎對學習很有幫助。燈謎就像是腦筋急轉彎（當時還沒有這個名詞，但這個形容很貼切），例如有個謎面是「車禍」，打成語一句，謎底是「乘人之危」，這時的「乘」不再是

動詞而變成形容詞，是乘車之人的危險了。父親特別喜歡這樣的謎語，讓我們練習跳出原有的框框，使思考活躍。每年猜到燈謎拿回的文具獎品都會令我高興很久，不是為了獲得一枝鉛筆，而是因為**我看見了學習的效果，能夠學以致用，就會產生再學更多的動機**。

現在回想起來，要能猜得出謎語，腦海中必須有很多現成的成語及《論語》、《孟子》中的句子，而且要能從另一個角度去解釋謎面，這時答案就出來了。因此我一直認為，要了解一個人的國文程度如何，不是去考他生字認得多少，而是給他看謎面，看他挑哪個謎底，如果謎底緊扣謎面，這個人的國文程度就是好的。

興趣是建立在基本知識上，要先打好基本功

興趣是建立在基本知識上，什麼都不知道，如何談興趣？其實，興趣是培養出來的——看人家在做，自己試一試，一試，成果不錯，看到別人做得滿頭大汗，自己做起來卻輕鬆如意，於是願意再做一次，一直受到正回饋的鼓勵，最後就成為興趣了。所以，凡是做自己有興趣的事時，每個人都是眉開眼笑，沒有愁眉苦臉的，那是源自於成就感的關係。

孩子還小，不知道自己的興趣在哪裡，但基本的知識一定要先有，所以在小學時期，老師和家長的督促和要求都比較多，因為這是打基本功，根基不好，將來無法承擔大樓的重量。在打基本功的時候，不能以「他比較喜歡科學的東西，比較不喜歡地理、歷史這些死記的東西」為理由，而忽略歷史、地理知識的重要性，這部分其實是一個人的人文素養，將來與別人交談，不知道人家在談什麼、自己插不上嘴時，會很尷尬，也對孩子的前途有影響。

曾經在一個非常正式的場合，有位外國來賓對中國皇帝沒有侵略性、佔有欲感到很好奇，他問：「西班牙國王出錢讓哥倫布去發現新大陸，建立殖民地來掠財，中國皇帝派鄭和下西洋去宣揚國威，卻只送禮，不建立殖民地，連建艦出航的本錢都沒有從殖民地身上撈回來，為什麼？」我們之中有一位大學校長竟不知道鄭和是哪個朝代的人，以為是十九世紀，引起那個外國人側目。我很驚訝，連外國人都知道鄭和的事蹟，怎麼我們自己的人反而不知道他生在哪個朝代呢？後來我才知道，這位校長是念理工的，很可能他小時候父母就是說：「他比較喜歡科學的東西，比較不喜歡地理、歷史這些死記的東西。」結果四十年後就鬧笑話了。

其實，越是在上位的人，各方面的修養越好，在各種場合也越是談什麼都頭頭是道。有一次史丹佛大學的校長來台訪問，我有幸跟他同桌吃飯，座中陪客都是各個領域的專家，只見他從莎士比亞談到基因改造，左文藝、右科學，左右開弓，應付得非常好，最後得到我們所有人的尊敬，都認為他不愧是一流大學的校長。孩子若有這樣的功力，事業一定會更上一層樓。

當孩子進了大學，智慧已開、見識已多，在選擇將來就業的科系時，興趣才是主要的決策因素。**小學、中學是通識教育，不是專業教育，不可用興趣做為理由而不學習**。但若是老師教得不好，引不起孩子的興趣，父母可以幫忙。其實歷史應該是個很有趣的科目，它告訴我們自己從何而來，要怎麼做才不會「無忝爾所生」。我記得小時候看《東周列國志》、《隋唐演義》……裡面都是故事，好看得不得了，書中的人名、地名，還沒背就已經深入記憶，看完了，歷史也讀好了。父母可以鼓勵孩子多看課外書，補充課本的不足。

責任應該超越興趣，讀書也是一種紀律

興趣不能拿來當藉口的另一原因是：責任超越興趣，凡是該做的事，不論有無興趣都得做，因為它是責任。我父親常說：「先把該做的事做掉，你就有時間去做你喜歡做的事。」當你不抱怨地盡完責任時，你會發現，雖然你不喜歡這個工作，

做完了也會帶給你成就感；有了成就感，再做同樣的事，你就不會覺得苦了。所以不抱怨、盡力去做，是成功的要點。有道是：「任難任之事，要有力而無氣；處難處之人，要有知而無言。」我家這則傳家格言還真有些道理。

至於現在學生缺乏閱讀的興趣，可能是在啟蒙時沒有做好。曾經有個偏鄉國小的校長想要推廣閱讀，來信要我買世界文學名著《老人與海》給他的學生看，文學名著很好，但不適合啟蒙，它會打壞學生閱讀的胃口。因為「說話是本能，閱讀是習慣」，既然是習慣，就得先投其所好，喜歡上了才會再去讀，要用漸進法，一點一點地引誘學生走進閱讀的門來。

在美國一、二年級時，老師不會規定學生讀什麼書，三年級以後開始開書單，全方位地打各種知識基礎，這時學生即使不喜歡這本書也得讀，因為它是教育的一部分。所以梁實秋先生說：「讀書是一種紀律，談不上興趣。」但是讀久了、讀通了，興趣也就來了，因為讀通了就有成就感，這種成就感在大腦中的作用跟嗎啡差不多（實驗發現，當千辛萬苦完成一件事，例如百岳攻頂時，大腦會分泌腦內啡〔endorphin〕，這是大腦自己產生的嗎啡，會讓人快樂無比）。

不過，梁實秋先生認為越是自己不喜歡的學科，越是要加倍鞭策自己去努力鑽研，這一點我不太贊成。因為台灣有體罰，考不好會被打、被羞辱，對孩子的身心是很大負擔，加上恐懼會阻擾學習，感覺緊張時，身體從副交感神經系統轉到交感神經系統，瞳孔會放大、手心出冷汗、心跳加快、膀胱失禁。我們都有小時候被叫到黑板前做算術的經驗，這時訊息進不去大腦，有看沒有懂、有聽沒有見。我倒是認為，**先從孩子的強項著手，等他自信心恢復後，長處自然會把短處帶上來**。

我個人很贊成梁實秋先生所說的「讀書是紀律」。事實上，父母給孩子最好的禮物就是紀律。紀律是成功之本，生活有紀律，身體會健康；學習有紀律，效果會事半功倍；做事有紀律，事業會成功。所以他解釋梁啟超先生所倡導的興趣之說，是對有志研究學問的人士而言，不是對讀書求學青年的致詞，這一點我是同意的，興趣不可用來做為逃避責任之藉口。

興趣代表的並非學習天分，而是學習驅力

有一次我們去做田野調查，問一位鄉下老太太她的興趣是什麼，一開始她沒有聽懂，經過解釋後她說：「那不就是早上眼睛一張開，迫不及待地跳下床，興高采烈去做的事情嗎？」這是我所聽過對興趣最貼切的定義。Bubu老師說得對，興趣代表的並非學習天分，而是學習驅力，興趣可以幫助克服困難，使孩子有耐力面對

挫折。因此，說自己對魔術有興趣、卻又沒有對此下工夫，那不是真正的興趣。真正的興趣會使一個人不計困難 make it happen，把它做出來，而且在做的時候會全神貫注，不知東方之既白。

興趣和能力並非等號，例如我對拼布很有興趣，我也喜歡撕紙畫，但是這兩種我都做得不好，因為我缺少藝術天分。但是我不會做，並不妨礙我去看拼布或撕紙的展覽，也不妨礙我在家中自己做，只要不拿出去給別人看就是了。教導孩子最忌人云亦云，因為每個孩子不一樣，不可一味模仿別人的教育方法，但很多父母都會相信廣告的口號，而不去求甚解。

教養孩子最簡單的方法，就是從小把規矩訂好，超越規矩絕對不容許，在規矩之內則請讓他自由發展，不要管太多。有時真覺得父母擔心太多了，過度憂慮，孩子也會長不好。柳宗元在《種樹郭橐駝傳》中講得很清楚，樹種下去不可以一直挖起來看長根了沒有，這樣樹會死的；天天追問孩子進步了多少，他也會不喜歡學習的。

在「及早」栽培之前，先讓孩子「正常」發展

對於孩子早發的興趣和天分，要如何看待與培養？

Bubu 老師

有很多藝術家並不是從小立定方向、一路訓練而成的；
也有很多小天才長大後不是才華不夠，
而是因為比正常人狹隘的經驗而提前凋零。
我們絕大多數的人都不是天才的父母，即使是，
也不該忘記完整的生活才是生命的目標，
也才可能對社會有所貢獻。

洪蘭老師

真正的天分是父母扼殺不掉的，
但放棄基本知識的學習，
會使孩子的興趣無法更上一層樓去發揮。
才藝到最後一定需要品德的內涵加持，才能發光發亮，
我們要培養的是大師而不是工匠，
孩子需要廣泛閱讀、涉獵，才能提升自己的境界。

請問洪蘭老師

前一篇我們討論了對於「沒有興趣」的看法，以及如何在沒有興趣之下引導孩子繼續學習，而這一篇我想請問洪蘭老師的是——

當父母看到孩子早發的興趣時，該不該過度看重這個契機？為了節省時間，去發展一種興趣而荒廢其他的學習，這是正確的選擇嗎？（我所說的其他學習並不是另一種才藝，而是基礎知識。）

這幾年我所接觸的小朋友，年齡多在五～十二歲之間，從幼稚園到小學正是父母對教育最好奇、最疑惑，也最緊張的階段。再過幾年，他們會變成即使關心也不敢採取行動，所以如果能在這個階段把自己的心態調整好，對於之後跟孩子好好相處是更有幫助的。

我遇過好多父母問我以下的問題，雖然提問的時間與場合不同，但他們的疑問卻指向同一份憂心：「我會不會因為現在沒有做出夠正確的決定，而埋沒了一個天才？」規模小一點的則近似於：「我是否會因為眼光不夠，而耽誤了孩子更好的發展？」這些父母都在考慮，「要不要更早一點」幫孩子決定未來的職業志向。

不必因為早發的興趣，急著幫孩子決定人生的方向

我的小女兒在上小學之前，怎麼都學不會注音符號、也認不得國字。幼稚園老師向我反應這件事，我於是在家自己協助、慢慢教，但女兒今天會，明天就忘了。我不灰心，再縮減教她的量，雖然也經常感覺徒勞無功，但為了讓孩子了解慢慢地做，總會學成，我們的練習還是每天持續。

當時這個孩子已經明顯地展露出繪畫方面的天分，所以我的腦中也曾閃過一個念頭：也許她就是一個有某種特別才能的孩子，所以其他方面跟別人不一樣？為什麼我不讓彼此都輕鬆一點，讓她盡情發揮藝術家的天分？我看她畫畫時也的確很快樂，大家不都說，孩子快樂就好！

但隨即，我又想起了自己的責任，也想起所有能創作出感人作品的藝術家，都有著深厚的知識底蘊。**要接觸不同的文化總要有基礎的工具，而文字、閱讀與學習的習慣，就是我應該幫助她擁有的工具**。我知道自己所做的決定會深深影響孩子未來所接觸世界的廣度，所以，我認為她還是需要普遍的能力，我想要幫助她「正常地發展」。

孩子在上小學後的第三天，我們舉家遷往曼谷了，她接著進入國際學校，但我

並沒有放棄與她一起建立普通知識的工作。每天我會在工作忙碌中撥半小時或一小時，陪她讀一點書、認識一點文字，回想起來，這收穫不只是知識本身，更是一天天加總起來對於耐力的認識。雖然在她受教育這十幾年裡，我沒有加強培養她的繪畫才能，但等她上高中在學校修了藝術課程，還是很快就顯露出這方面的天分。所不同的是，因為我們做了先前的選擇，沒有荒廢該學的項目，所以她能奠定不同領域的知識基礎。

基於自己的經驗，我很反對父母在孩子還小的時候，只因為看到能力的一線曙光，就幫他們決定了人生的方向。長大一點的決定才是自願，如果真的有天分，身心都成熟之後再訓練，應該也不遲吧！

當然，也是因為無法在一個人的經歷中同時進行兩種不同的實驗，所以父母的心情就常有疑惑。不過，不要忘了，有很多成功的藝術家並不是從小立定方向、一路訓練而成的，像是畫家梵谷、舞蹈家瑪莎．葛蘭姆；也有很多小天才長大後不是才華不夠，而是因為比正常人狹隘的經驗而提前凋零。我們絕大多數的人都不是天才的父母，即使是，也不該忘記完整的生活才是生命的目標，也才可能對社會有所貢獻。

教師應該帶領家長，走出對教育的短視與自我束縛

從家長們的提問中整理出有關興趣的疑惑，大概有三類：

1. 我的孩子對某方面很有興趣，您覺得我應該好好培養他往這方面發展嗎？

2. 孩子雖然不喜歡讀書，但很喜歡手工藝，一做起來就廢寢忘食，我是該阻止或允許呢？

3. 才藝班老師說我的孩子在某個方面特別有天分，我該讓他放棄其他的學習，以專注對此的發展嗎？

其中一個最特別的例子是，我到一所小學演講，有位家長在會後詢問我，她說孩子的美術老師要孩子休學去大學旁聽，又說老師認為孩子現在的畫作每幅至少已經能賣幾十萬，絕對是個天才。不過這個媽媽同時又覺得孩子在音樂上也有過人的天分，她為此更加困擾，不知道該選美術或音樂。

我告訴她，自己不能給她任何意見，但我覺得，如果這位美術老師是一位真正的好老師，就不該在孩子還這麼小的時候，用「一幅畫能賣多少錢」來引誘家長做出決定。如果我是家長，也會更冷靜地想一想所有的狀況。**假設天才只是要提前經歷一切，也提前結束讚美與掌聲，我寧願孩子的發展與他的成長有更美好的延續。**

我常感受到家長在教育上所遭遇的困難與多重的擔心，他們對於教師的信任就像病人對於醫生的仰賴。所以，一位好老師應該主動帶領家長走出自我束縛或局限一隅的短視，簡化問題、提供建議，才能安慰父母的焦慮憂思。就這個角度來說，洪蘭老師您覺得有幸成為教師者，應該如何加強自己的素養，並以這個身分為榮、彼此共勉？

給Bubu的回應

真正的興趣，是父母耽誤不了、也無法被埋沒的

真正的興趣其實是父母耽誤不了、也無法被埋沒的，父母不必有罪惡感。就像美國的摩西婆婆（Grandma Moses），她七十六歲才拿畫筆，但天生的藝術才能讓她成為一九五〇年美國新聞學會所選出五位最有新聞價值的人士之一，八十八歲時則被*Mademoiselle* 雜誌選為 Young Woman of the Year（年度最佳女青年）。而她是在得了關節炎不能拿針做刺繡之後，才拿起畫筆展開藝術創作。

像摩西婆婆這樣的例子其實很多，即使像舞蹈、音樂這種本來從小就要栽培的才能，也可以因興趣而克服身體柔軟度的限制。明華園的孫翠鳳是二十幾歲成年後才去學歌仔戲，她練起來可能比十歲就去學戲的人辛苦，但是練成了，一樣是當家小生、明華園的台柱。

或許有人會說：才藝的東西不是越早學越好嗎？是的，但努力更重要，後天的努力可以彌補先天的不足，人家一遍我十遍，最後也會成功。當練習超過一萬小時之後，熟能生巧，做這件事的神經迴路會變成自動化，就像歐陽修在《歸田錄》中所寫的賣油翁一樣，他賣了四十年的油，閉著眼睛也能把油滴入瓶中而不沾污放在瓶口的銅錢。所以毅力是一切成功的必要條件，以為聰明就一定成功是不對的。

只要肯學，早學、晚學並沒有那麼大的關係

天下沒有不勞而獲的事，要成功都必須下苦工去練基本功。很多孩子看到別人學才藝，很羡慕便吵著要學；有更多情況是父母看到別家孩子在學，自己也不是拿不出這個學費，便也送孩子去學。結果有天賦的孩子，學得輕鬆、做得好，便願意再學；沒有天賦的孩子，學習變成苦差事，就會找各種藉口不想學。這時父母的態

度很重要，不要強迫他，打他罵他使他對學習產生恐懼，並且因此傷了親子關係；等他長大了、願意學了，隨時可以再學。

鋼琴家郎朗在他的自傳中說，他父親天天逼他練琴，又打又罵，他雖然拿到了柴可夫斯基大獎，成了知名鋼琴家，但他在成長過程中是恨他父親的。現在他雖然會說沒有父親就沒有今天的他，但他失去的童年是彌補不回來的，變成他人生的一份遺憾。所以，不要為圖自己的顏面去逼孩子，人生路很長，只要肯學，早學、晚學並沒有那麼大的關係。成功不是贏在起跑點，而是贏在轉捩點，只要孩子持續有學習的動機，都有成功的希望。

一九二一年，史丹佛大學的心理學教授特曼（Lewis Terman）篩選了一千五百名高智商的孩子，給他們最好的環境，追蹤他們六十年，看他們在最佳的先天與後天條件下，會有什麼成就。結果這些資優生之中，並無一人拿到諾貝爾獎，雖然有五十人成為大學教授，也有很多三師（會計師、律師和醫師），但是大部分資優生最後的成就跟一般人沒有什麼兩樣。所以，即使先天、後天的條件都這麼好，最後還是得加上自己的努力才會有所成就（這是一個很知名的研究，有興趣的人上網就可以查到厚厚四大冊的研究報告，這也是在談論資優生時，我們特別強調努力、毅力的原因）。

以基礎知識為鷹架，興趣發展才能更上一層樓

孩子對某方面有興趣，當然可以培養他，但不應該把其他基本課程統統放掉，因為不論進入什麼領域，基本的知識還是要有，它是學習新知識的鷹架。研究發現，新知識必須和舊知識掛上鉤，才儲存得久。

即使像吳寶春的專長是做麵包，他要成為世界級大師，還是去學了很多提升品味涵養的知識。鋼琴大師也絕不只是會彈琴而已，照譜彈琴只要機器就能做到，大師如何詮釋一個作品，則需要深厚的人文素養。我們要培養的是大師而不是工匠，孩子需要廣泛閱讀、涉獵才能提升自己的境界，因此他需要聽說讀寫這些基本功。

天分扼殺不掉，但放棄基本知識會使孩子的興趣（天分）無法更上一層樓去發揮，因為才藝到最後一定需要品德的內涵加持，才能發光發亮。當技術到了一個程度要昇華時，一定要同時觸動修練者和欣賞者內在的核心價值，而所謂的品味，其實就是深厚的人文知識、美的修養和由內而外的儀態風度。藝術必須能提高一個人的精神涵養，如果做不到這一點，就純粹是感官上的東西，會使人衰弱下去、使人道德敗壞。

真正的藝術家是有涵養的人，他們多是飽經歷練、見過大風大浪，從世事的

瞬間變動中得悟心緒的定性，要修練到這樣的地步，才可能創造出好作品。藝術是心靈的自我極限追求，不是只在意這幅畫賣了多少錢，如果沒有內在美做基礎，所有的優雅舉止和精湛藝術都不能使人的精神得以昇華。最近有位藝術大師的畫作在香港展覽，被清潔工誤當垃圾丟掉了，大家在聽到這個消息時，第一個反應都是：「啊！十幾億的錢飛掉了。」而不是說：「啊！這個作品不能再有了。」銅臭的社會將造就出追求賣價的老師和家長，這卻不是藝術教育的真諦。

讀書和興趣可以相輔相成，而非彼此抵觸

所以，在孩子小的時候，不可以因為他的興趣而放掉基本知識，因為基本知識是做人的基本道理，再好的天賦理由，都不能做為不學習閱讀、不會簡單算術、沒有普通常識的藉口。但有了基本知識之後，孩子當然可以去追求他的興趣專業，這兩者是相輔相成而不是彼此抵觸的。我們反而會看到，因為孩子想多一點時間去練琴、去畫畫，他會很快做好功課，把時間省下來做他喜歡的事。

就像Bubu老師提到的，如果孩子喜歡手工藝，就可以請他趕快做完功課，好去做他喜歡的手工藝，以興趣為動機，促使他先履行自己的責任，因為紀律還是所

有學習的根本、是第一優先。真正的興趣是扼殺不掉的，父母不必擔心，只要父母態度正確，讀書和興趣兩者可以俱得，馬友友就是個好例子。

老師多與父母分享新知，能讓教育更同步

在台灣，很多人離開學校後就不再碰書本了，所以外界的知識雖然進步很快，但對這種家長來說，他的觀念還停留在自己做學生時的那一套。而教育部規定老師每年必須去上若干小時的課程接收新知，所以老師的新知識比一般父母多，若能利用聯絡簿分享、或影印一些新觀念給父母，對孩子的教育會很有幫助。

在日新月異、知識爆炸的現代，老師除了教育學生，其實還需要教育父母，因為老師和父母就像車子的兩個輪子，若是各走各的方向，車子就無法前進了。同時，老師若能先把正確的觀念灌輸給父母，父母也就不會去聽信補習班或一些三姑六婆的謠言，讓孩子去做大腦開發、間腦開發了。我們的心像塊肥沃的田地，野草先長出來，稻子就長不出來了。**看起來教育父母好像增加了老師的負擔，其實這會使老師的教學更輕鬆、效果更好，收到事半功倍之效。**

孩子的閱讀，也需要做好時間管理

只要孩子想閱讀，就應該隨時隨地滿足他嗎？

Bubu老師

當閱讀活動與生活作息衝突、或孩子另有責任該完成但不肯離開書本，父母要理直氣平地給予誠懇的提醒，讓孩子理解：不能把喜歡閱讀當成任意行事的通行證，我們都要學習在適當的時間做適當的事，孩子才不會覺得不能隨心所欲是一種遺憾。

洪蘭老師

閱讀是好事，但責任和紀律優先，不可以因為做好事就不守規矩。父母應該讓孩子知道，不是喜歡的、好的事情都可以無止境地做，要顧慮到別人的感覺，也要看自己有沒有盡到本分。孩子若是真心喜歡閱讀，不會因為被中斷了而不讀，他反而會更快把該做的事做好，迫不及待回來再讀完。

請問
洪蘭老師

洪蘭老師這十幾年來不遺餘力地推廣閱讀，又對教養抱持全面性的關懷，所以我整理了一些家長經常提到的閱讀問題，相信您是最好的解惑者。

天下的父母都願意把最好的東西以最正確的方法送給孩子，所以當閱讀的好處深受推崇時，父母有時會因為閱讀活動與生活作息衝突、或孩子另有責任該完成但不肯離開書本，而感到困擾。他們一方面知道閱讀的習慣難以培養，所以害怕拒絕孩子的任何閱讀要求，另一方面卻不確定埋首書堆是否就等同於培養閱讀習慣。

有些父母跟我說，當孩子反過頭來理直氣壯地問道：「你不是說閱讀最好，喜歡閱讀的孩子不會變壞，那為什麼我想把一本書看完的時候，你卻不准？」這時，同意閱讀很重要的父母竟啞口無言了，他們不敢要求孩子中斷在不適當時間或不適當場合裡的閱讀。

我自己也遇過幾次類似的經驗，我的處理方法都很直接，不知道洪蘭老師是否同意，希望藉著您的指導，提供給父母一些建議，適當地處理孩子癡迷於閱讀的情況，探討父母要如何理直氣平地保有孩子的閱讀興趣，並使他們了解：該放下書的時候不能懊惱生氣。

在適當的時候做適當的事，也是很重要的教育

我的工作室二樓有一側很大的書牆，從挑空的課室抬頭就會看到書架，但上樓去書房的樓梯卻隱藏在兩片門之後，因此對孩子來說，這個空間便有些不得其門而入的神祕感。有一天，有個小女孩在上課的時候，一直不能專心做事，她跟我說她是「書蟲」，來上課並不是為了學烹飪，而是要來看書，問我能不能不上這堂課，讓她待在書房裡。

雖然，這對我來說沒有任何不方便，但我並未答應孩子的要求。我認為，成人有責任教導孩子一個重要的觀念：在參與任何活動之前，清楚自己是為何而來，來了之後就要全心參與，這與她有多喜歡閱讀或是不是一隻書蟲無關。這個小朋友被我拒絕後很不開心，最後她也不願意上課，說自己病了，寧願趴在桌上不肯做事。之後，她又一次要求我讓她躺在書房看書，說這樣她的病很快就會好起來了，我還是沒有答應，而以對待病人的方式來照顧她。

我想讓這個孩子了解，不要把喜歡閱讀當作任意行事的通行證，我們都要學習在適當的時間做適當的事。洪蘭老師同意這個想法嗎，您會建議家長如何處理類似的問題？

不能讓孩子以「喜歡閱讀」，任性規避應盡的責任

另有一次是我在「93巷人文空間」辦活動，有一位八年級的小朋友先前來爭取要在當天擔任我的助理，我很高興，也分配了她應該負責的工作。活動前，她為了一件小事跟妹妹鬧起彆扭，接著就從背包中拿出一本書，坐在牆角邊讀了起來。

當時，有許多預定由她負責的工作正等著完成，所以我去請了她兩次，要她放下書本，趕快歸位完成助手的任務，但這個嬌生慣養的孩子卻置之不理，繼續埋首於書本。我決定不再去叫她了，把工作重新分派給其他的小朋友分擔，活動進行的幾個小時裡，這孩子就托著一本書，看似瀟灑地獨坐牆角中，旁觀我們的活動。

隔天，我很嚴肅地跟她的母親討論這件事，希望她能讓我跟孩子單獨談談。我想跟孩子說，她當天的態度是很不負責任的，帶給旁人很多麻煩，這樣下一次她才不會因為任性，再犯同樣的錯誤。但是，這位母親卻護衛孩子當天的表現，她覺得這與責任感無關，孩子只是因為太喜歡閱讀，在參與活動前又剛好拿到這本新書，急於想知道故事的結局。洪蘭老師同意這位母親的看法嗎？如果是您，會如何說服這位母親用更正確的方式來引導孩子的閱讀？

這兩個問題使我想起阿爾維托・曼古埃爾（Alberto Manguel）在他所寫的《閱

讀地圖》（*A History of Reading*）中提過的一個小故事。他說十六歲時曾在一家書店找到課後的工作，老闆讓他去清理存書的灰塵，認為這個方法可以幫助他迅速地弄清楚有哪些庫存書、以及它們在書架上的位置。但書對作者來說是充滿誘惑的，他不僅常常忘了清塵的工作，還曾經把書藏在口袋中帶回家。在幾段陳述自己對於閱讀、藏書的心情之後，曼古埃爾說：「有一兩次，莉莉・列巴赫小姐見到我沉迷於一本新到之書，只告訴我繼續把工作做好，這本書就留著帶回家，利用自己的時間看。」我覺得這個故事很好，如果有誠懇的長輩給予提醒，孩子才不會覺得某一刻需要放下書、不能隨心所欲去閱讀是一種遺憾。

給Bubu的回應

先把該做的事做掉，更能全心全意享受好書

紀律是教養中最重要的一環，沒有紀律的孩子不能好好學習；閱讀是好事，但是紀律優先，不可以因為做好事就不守規矩。我們家的孩子以前常有這樣的經驗，

書看到一半，就要去趕校車了、或是要去做些預先設定要做的事，這時我母親都會說：「書沒有腳，它不會跑掉，你回來的時候，它還會在那裡，你再繼續看就是了。」而我父親會說：「你先把要做的事做掉，就可以全心全意享受你的好書。」他們都鼓勵我們閱讀，但也都強調責任和紀律的重要性。

我們小時候要餵雞，雞餓了會咯咯叫，母親規定只要餵雞時間到了，不論正在做什麼事，一定要先把雞餵飽。她常說「己所不欲，勿施於人」，要我們想像肚子餓了，而母親不開飯的情形。所以在Bubu老師所舉的例子裡，當孩子頂嘴時，父母要馬上反駁他：「不是喜歡的、好的事情都可以無止境地做，要顧慮到別人的感覺，也要看自己有沒有盡到本分。」

孩子若是真心喜歡閱讀，不會因為中斷了而不讀，他反而會更快把事情做好，迫不及待回來讀完。Bubu 老師的做法非常正確，既然來上課就要好好上課，不能用「書蟲」做藉口不上課；若是一個人有藉口不上課，其他人會馬上有樣學樣，找出其他的理由也不上課，教室的秩序就無法維持了。英文有一句話："The end does not justify the means."（結果不能把手段正當化。）喜愛閱讀不能成為拒絕其他行為的藉口。

縱容孩子不履行承諾，是愛之反而害之

另外一個小朋友也犯了很嚴重的錯誤，已經答應的事，再不甘願都要做到，因為這是承諾，承諾就是誠信，是責任的一種。做醫生的可以說「我今天心情不好，不替病人開刀」嗎？或是做老師的可以說「我今天心情不好，不來上課」嗎？這孩子的行為已經逾越了一般人可以容忍的程度，需要好好地教導了。尤其當別人在做而她捧著書在旁不做時，這是很沒有團隊精神的表現，在二十一世紀這麼講究團隊合作的時代，這種態度也會讓她以後事業的發展吃大虧。

父母一定要分清楚，「任性」不是「個性」，孩子的這種行為是父母嬌縱的結果，是愛之反而害之，因為出社會後，沒有人會容忍這種態度。父母一定要教孩子以責任優先，沒有人喜歡不負責任的人，當你接下這份工作時，你就給了對方你會盡責的保證，不好好做就是失信、是食言而肥。一個沒有誠信的人是交不到朋友的，人生的路很長，孩子一定要有志同道合的好朋友，人生才會過得愉快、事業才會成功，而這必須從小培養。

閱讀的時數和本數，並不完全等於知識的累積

在數量之外，如何進一步提升孩子的閱讀品質？

Bubu老師

多數父母都希望孩子能愛上閱讀，我們卻很少討論「閱讀教育」也是需要身教的。閱讀是最不受體力限制而能深化關係的活動，透過閱讀，親子的確可以當永遠的好朋友。父母不應該只熱情於在孩子童年時當一個閱讀的陪伴者，而應努力於書中一路走出日漸深刻的親子情感。

洪蘭老師

閱讀的成效不能用讀了幾本來計算，它就像一個人的心智，不是量的問題，而是質的問題。閱讀也不是要記得每一本書鉅細靡遺的內容，而是看完後，它能增加你對某件事的了解、或使你反思過去的行為是否恰當。你必須消化它的內容，使新知與你的舊知連接起來，這份知識才是你的。

請問
洪蘭老師

父母確切的輔導，才能真正造就孩子的閱讀品質

除了上一篇所提到孩子的閱讀態度，父母也經常提到有關讀物的內容與方向上的問題。他們擔心孩子讀的東西沒有用，或者說，比沒有用更讓人擔心的是，孩子沉迷於不良讀物。

我讀過馬克・吐溫說的一句話：「識字不讀好書，等於白識字。」洪蘭老師能否從這個觀念出發，為我們分析閱讀品質與心智成長的關係？

這幾年台灣在學校或社區都大力推廣閱讀，但我也看到這些活動有時非常形式化，比如說，鼓勵孩子多讀書，每讀一本就給貼紙做為鼓勵，累積足夠的張數又可換禮物等方法。有些家長為了幫孩子「衝量」，竟幫忙把內容簡化成書摘，說給孩子聽，驕傲於他們在多少時間內就能讀完一百本。

我認為父母這樣做，很可能是不了解閱讀一本書並不是收集故事或知識，他們的幫助不但對孩子的閱讀無益，還示範了如何虛報學習成果。洪蘭老師是否能針對這一點提供建議，幫助父母建立正確的閱讀輔導態度？

關於閱讀內容的問題，家長提到最多的狀況則如以下四種：

●孩子很喜歡看課外書，卻對國文課學習興趣缺缺

我的孩子看起來很喜歡閱讀，但他的國文卻總是考得很差。孩子說，這是因為他不喜歡死背課本裡的東西，但我感覺他其實有點偷懶，也因為社會總在討論我們的考試有多麼呆板無用，所以他找到一個很好的理由來當藉口。他喜歡看書，但不肯花時間去做費力的事。我雖然同意課本沒有課外書好看，但並不同意孩子把這兩件事比在一起，因為他還是得上學，把自己的成績管好以示負責。我該怎麼樣才能辯贏我的孩子？怎麼樣才能讓他了解兩者都很重要？

●國中的孩子還是只愛看漫畫，沒有耐性讀文字書

我的孩子很喜歡叫我帶他去書局，可是我看他每次都是直接走到漫畫類的書架去。我覺得孩子已經上國中了，應該也要讀一點其他的書，但是他只要看到文字多一點的書就沒有耐心，這是因為從小看太多漫畫造成的影響嗎？但是當年那些漫畫都是我自己為他篩選過的，覺得內容很好，為什麼長大了之後，孩子自己選的漫畫反而越來越沒有內容呢？

●孩子沉迷於言情小說，並以閱讀為由拒絕做家事

我的孩子很沉迷於書本，並以此來拒絕做家事，但我隱約覺得他看的書並沒有太好，都是很類似的言情小說，一本接一本。但我不敢說，怕說了，他以後不再看書怎麼辦？

●孩子只愛看金庸的武俠小說

我的孩子只愛看金庸的小說，這樣有沒有問題？我聽過很多人告訴我，如果小學能讀金庸表示他的中文程度很好，但我就是覺得不夠安心。

閱讀教育並非只是要求孩子，父母也該示範與身教

我相信多數父母都同意閱讀非常重要，也希望孩子能愛上閱讀，但我們卻很少提到「閱讀品質」，也很少討論「閱讀教育」與其他教育一樣，是需要身教的。有一次我從孩子口中聽到一段可稱為笑話的對談，那天有很深刻的反省。

有兩個中年級孩子看到我的書架後，一個對另一個說：「還好這不是我家。」她停了一下，又對友伴說：「如果是我家，這麼多書，我一定要讀死了。」孩子的童言童語使我推敲出，一般父母買了書大概都是要孩子讀的，因此小朋友才沒有想到，一個家庭的書會分屬於不同成員。

或許，現在也有很多父母自己看輕便的、提供大量資訊的雜誌，卻希望自己的

孩子能養成有深度的、累積知識的閱讀，在這種身教的影響之下，洪蘭老師認為閱讀教育會順利發展嗎？這是不是就像自己在電視機前看連續劇，卻希望孩子在書房好好讀書一樣困難？

兩代可以是朋友，在閱讀一事上也能有快樂的體會

從我有記憶的童年開始，我們不管搬到哪裡，家中總有一個小小的書房，但書房中放的多數是父母的書籍。我的父母並不常為孩子購買讀物，但因為他們在忙碌的生活中也總會撥空看書，所以我對於閱讀活動的奇妙感受，是從父母身上直接得到的影響，而不是從他們交付給我的讀書責任中探討出來的樂趣。

小時候，我把自己有限的幾本書都看熟之後，只好讀爸爸的專業期刊。雖然那些有關化學或食品營養的研究，對當時年幼的我來說很深奧，但在缺乏讀物的環境之下，我也慢慢看出一些樂趣來，就好像啃一片本來以為沒有味道的硬餅干，卻慢慢嚼出滋味而覺得好吃了。之後即使進入一份完全沒有故事性的讀本當中，我也能靜靜地享受閱讀，而閱讀使我不怕獨處。

當大家談論著親子應該如何增進了解、如何成為好朋友時，我最推薦透過閱讀

達到這種境界。閱讀是最不受體力限制而能深化關係的活動，透過閱讀，親子的確可以當永遠的好朋友。我如今與八十幾歲的父母還能交換許多生活的感觸，其中最大的原因，或許是閱讀所建的功勞。

現在，我覺得安慰的是，我的孩子們回家時也經常跟我借書、談書。她們在讀到一本好書之後，也會介紹給我、並對我說：「媽媽，妳一定會喜歡這本書！」當我聽到這句話當中的肯定時，我覺得孩子不只是了解自己，也了解我，我們的朋友關係是確定的。

所以，我覺得親子閱讀的好處，應該先被提升到成年子女與父母良好的親子關係上來推廣，才能引發更年輕的世代看到其中的好處。父母不應該只熱情於在孩子童年時當一個閱讀的陪伴者，而應努力於書中一路走出日漸深刻的親子情感。

如果父母不想以後只能跟孩子一起進行消費，如看電影、上餐廳、逛街購物、旅行這類活動，在必要時也能一起探討嚴肅的議題，那麼從小養成一起閱讀、進行討論的習慣，應該是最好的方法。洪蘭老師是否也能談一下這方面的心得？

給Bubu的回應

從有趣的方向引導，讓孩子看到課本枯燥外的另一面

人一生沒有十全十美，所以常要做一些不喜歡、但是不得不做的事，這種不喜歡、但非做不可的事叫「責任」。人必須先盡了責任，才可以享受權利，也是先盡了義務，才可以享受自由。孩子經常說課本沒趣不想讀，這不可以，因為讀書是做學生的本分，是他責任的一部分，所以他必須耐煩地把它讀下去。若是不喜歡就不必做，天下就大亂了。

但是，父母可以想辦法去引導孩子，使他看到課本枯燥外的另一面，例如找出國文有趣的地方，利用猜謎、講故事，把他領進國文欣賞之門（我在本書另一篇文章〔193頁〕有提到，中文構字其實非常有趣）。最主要是孩子的態度要正確，天下事有甘也有苦，不可能都是甘，苦盡了，甘就來了。

人生的快樂不在於做你喜歡做的事，而在於喜歡你不得不做的事。孩子的競爭力其實包括學習力、耐挫力和毅力，而後面支撐的鋼骨叫「紀律」。這一點需要在孩子成長的過程中耳提面命地再三囑咐。不然人都有比較之心，曾經有個小六的學生說他看不起他爸爸，因為他爸爸賺的錢不及同學的爸爸多，當我問他，「有沒有想過他是為了你，不得不每天進入地下隧道去修電線？」孩子的態度就改變了。他看到爸爸為了養他，不得不去做他不喜歡的事，而且一做十年，所以他從此不一樣了。負責是很重要的人格特質，它是可以培養的。

好書才會對孩子有益，讓他們獲得正向的模仿學習

關於國中生看漫畫的問題，這個年紀的孩子絕對不適合再看漫畫了，他必須要讀有文字的書，表達能力才會精進。所以，到了這個階段還不能讀文字書，已經有點太晚了，父母必須趕快補救。漫畫裡的文字量不夠，它通常是四格或八格，把一個故事表達出來而已；就算是好的漫畫書，也只代表其中的故事意念是正確的，跟訓練閱讀沒有關係，因為文字量實在太少了。

言情小說的問題則是看了會上癮，因為它觸動的是孩子心中還未曾經驗的感情部分（所謂的「情竇初開」）。父母要小心，這會使孩子對異性有不正常的憧憬，造就出孩子心中的白馬王子，而這份憧憬是很大的吸引力。言情小說都是虛構的羅曼蒂克故事，現實中很少有白馬王子像書中描述得那樣年輕、英俊、瀟灑，不要工

作而有花不完的錢，反而會使孩子將來在真實人生的情境中感受到明顯落差。言情小說是一種不健康的閱讀，讀完了沒有獲得什麼新知，只是浪費了時間和眼力。

至於孩子愛看金庸有沒有問題？我覺得沒有，金庸文筆很好，用歷史的架構來寫武俠很吸引人，看得懂金庸小說的孩子，國文底子是不錯的，不知父母的不安心是指什麼？我的孩子就是從《書劍恩仇錄》開始喜歡上中文的。

好書才會對孩子有益，父母在一開始時，必須替孩子篩選有益的優良讀物，因為模仿是天性，每個孩子或多或少都會受到書中人物的影響，從而模仿這個角色。尤其最近有實驗發現，大學生在看完一本令他感動的小說後，他的大腦中跟情緒、記憶、動作有關的部位都比較活化，而且在看完書之後五天還會繼續活化。這個實驗結果讓我們看到了「感同身受」和「同理心」的大腦機制，所以，挑好書給孩子看是很重要的。

閱讀的效應不是立竿見影，而是長久的內化影響

父母如果能在孩子看完書之後，再跟他討論一下書中的隱喻，把你的觀點講給他聽，這本書對孩子的影響力就更大了。作家黃春明說，他能「改邪歸正」是

因為在念師專時，有位老師送了他一本俄國作家契訶夫（A. Chekhov）的小說，看完這本書之後，他的人生觀整個改了過來。很巧的是，之前那個實驗給大學生看的也正好是契訶夫的小說《帶小狗的女士》（*The Lady With The Dog*）。這本小說是一八九九年出版的，但一本好的小說不會被時間的無情浪潮所淘汰，因為人性千百年來都沒有變，還是一樣的。

閱讀的成效不能用讀了幾本來計算，它就像一個人的心智，不是量的問題，而是質的問題。台灣目前的過度量化已破壞了教育的本質，讀書的目的是變化氣質，所謂「腹有詩書氣自華」，讀了書，談吐、風度會不一樣。父母若不確定自己帶領孩子閱讀的方法對不對，只要觀察一下，孩子在經過了一個暑假的閱讀後，談吐有沒有忽然變得不同，便可以知道他的書有沒有讀進去。

閱讀的效應不是立竿見影，而是長久深遠的，一本書讀進去之後，要經過反覆的思考、咀嚼，經由內化才會把效果顯現出來，而一旦讀進去了，它對孩子的影響也會一直持續下去。我們都有這樣的經驗，讀過一本好的小說會在心中長久不忘，無聊時、或情境相同時，拿出來回味一番，還是非常快樂，有這種經驗的孩子是幸福的。

閱讀是主動的學習，可以藉此拓寬視野、反思自我

其實，閱讀是強迫不來的，不喜歡看的書，即使看完也沒有印象，我們不是常看到孩子書本一闔上，不要說內容，連這本書叫什麼名字都說不出來嗎？因為孩子把閱讀看成是苦差事，所以BuBu老師例子中提到的學生才會開那個玩笑，說看那麼多會死。這種孩子很可憐，他們無法領會人類最大的樂趣。

美容院或候診室經常放些所謂的輕便雜誌，讓人消磨等候的時間，輕便雜誌嚴格說來不是閱讀，因為沒有什麼內容，除了名人的八卦或美容減肥秘訣之外，沒有什麼值得記入腦海、可以增加見聞的東西。所以我平常寧可閉目養神，也不願浪費眼力去看不需要知道的他人隱私。

常有人問：你家那麼多書，你怎麼記得？我很驚訝，閱讀並不是要記得每一本書鉅細靡遺的內容，而是看完後，它能增加你對某件事的了解、拓廣你的視野，或能使你反思過去的行為是否恰當。你必須消化它的內容，使新知與你的舊知連接起來，這份知識才是你的。曾有人搬新家時，去書店搜購燙金書皮的大部頭作品放在書架中，使自己看起來很有學問，這其實就像搜集了很多的葉片想要堆出一棵樹，是不可能成功的，因為其中缺少了核心的閱讀行為。

民國二十四年，林語堂先生說：「天下沒有哪一本書是每個人必須要讀的。」沒有非讀之書，也沒有不可讀之書。他建議每個學生出一百元去買書，全校合起來就可以買很多書，書買來了也不必放到圖書館上架，而是堆在一個房間中，只要每個人去這房間看書的時間，跟他上課的時間一樣多，四年後保證學到的東西會比在課堂上受教來得多。我很贊同這句話，因為閱讀是主動學習，而上課聽講對大部分學生來說是被動的歷程，我們看到研究所中最有潛力的好學生，並不是考進來分數最高的，而是最有閱讀習慣的，就是一證。

從小幫孩子養成閱讀的習慣，是父母給孩子最好的禮物。我的孩子也像Bubu老師的孩子一樣，會跟我分享好書，他在美國看到了新書，都會買電子版，讓我隔著太平洋一起看。我們討論書中內容的時刻，是少數我覺得非常愉快的時光，因為那是心智的交流、流露著親密的親子感情。

背誦，是為了擁有「攜帶於心」的方便性

如何區別「死記」和「背誦」在學習中的意義？

Bubu老師

父母不要對一件事情採用極端、單一的看法，
我觀察孩子們並不討厭背誦，
但如果經常聽大人說：「背書有什麼用？」
他們的確會因而對所有需要記憶的工夫都產生反感。
如果為了擁有攜帶於心的方便性和對於文本的所有權，
那麼「背誦」即使經過一些辛苦，也很有意義吧！

洪蘭老師

基礎的知識要記在腦海裡，因為這樣提取最快，
既可觸類旁通、舉一反三，衍生出新的知識，
也能用來驗證網路上各種新知的真偽。
背誦不等於死記，兩者的差別在於有沒有理解，
先了解這項知識的基本脈絡與架構，
邏輯和條理一分明，意義度就出現，也就容易記憶了。

請問
洪蘭老師

學習中的背誦工夫，經常被淺釋或曲解

黃春明先生曾經為洪蘭老師的書《理尚往來》寫了一篇〈舉例與比喻〉的推薦序，其中一段提到老師行文說理的特色是，幾乎篇篇都有舉例與比喻來印證文章中的道理和看法，並說這些例子一方面是從生活中信手拈來，另一方面則是從習慣閱讀的書海中撈出。我多次聆聽老師演講、並有幾次與老師同台對談，深切感受到黃春明先生用「信手」與「打撈」來描述老師是如何地生動。如果不是博於學、強於記，如何能引證立就，這不只說明您腦中知識藏量之豐，也可以推想老師在求學階段一定用功甚勤。

但因為您經常在演講中特別強調「死記沒有用」，所以家長開始對於「要不要記」、「背書到底有沒有用」產生更多懷疑。每在演講中說到「死記」，您總會以無法想像的速度，唸出一段童年或求學期間熟記的年表、數據或古文，然後告訴大家：「背這些要做什麼呢？」於是，有些家長沒有深思或連結您的前後話語，就只簡單地截取其中的一句或一義，片面做下結論說：「背書是沒有用的。」而這種反對背誦的主張，卻與學校教師的某些要求彼此衝突。

更不好的是，許多家長因此相信，所有的學習都可以「輕鬆愉快」就「牢記在心」。父母因為擔心孩子受苦與枉費心力，開始尋找各種捷徑，市面上提供學習方法與教材的市場更大加利用天下父母疼愛子女的心情，不斷推出更誘人的輕鬆學習之道，這些狀況開始交錯產生了對孩子非常不利的影響。

我們在學習任何知識的時候，有些東西自然就能夠輕鬆記下，但也有很多是雖然很歡喜、有心得，也無法一次就存於記憶，必須反覆再三、刻意留存，這樣算是「死記」嗎？這種工夫不值得下嗎？洪蘭老師曾在十年前翻譯《記憶的秘密》（*Committed to Memory*）這本書，相信您一定能幫助大家走出有關記憶的迷思，並說明「背誦」與「死記」的區別、與「背誦」和「學習」之間的關係。

孩子並不討厭背誦，但需要適當的引導與練習

成人的主張對孩子有很大的影響，所以我建議父母不要對一件事情採用極端、單一的看法。我觀察孩子並不討厭背誦，但如果常聽大人說：「背書有什麼用？」他們的確會因此而對所有需要記憶的工夫都產生反感。

今年四月，我教孩子們做潤餅，除了跟他們解釋「清明」與「寒食」的不同之外，也介紹了幾首詩。孩子們一聽說做潤餅還要讀詩，有幾個立刻就癱在桌上，很苦惱地問：「要不要背？」更有幾個開始嘀咕說：「我最討厭背書了！」等我宣布沒有「規定」要背，但喜歡的人可以把它記下來，孩子們都開心了。

我對這些反應總有些擔心，因為很明顯地看到孩子對學習的想法還是停留在負擔的層面，他們的關心只是：一份功課要寫多少次、一首詩要不要背起來、測驗卷要寫幾張？

那天，我先跟孩子們講重耳與介子推的故事，介紹潤餅的由來之後，再為他們講解要讀的詩。我試了一個新的方法，不讓他們先看詩文，而要他們拿起紙筆，我每講完一句的意思之後，請他們以自己的了解把那一句的用字寫出來。除了知道讀音，還得了解意思，才能填出正確的字，比如說「盡丹心」可能寫成「進丹心」，這就逼他們得要真正動腦筋，不懂的要提問。

這個練習很有用，因為故事很鮮明，詩句也沒有用典，對五、六年級的孩子來說，已有的文字能力都足以應付其中所需要的推敲。等孩子們吸收了講解、經由提問填出詩文後，我再帶他們完整地朗誦兩次，我發現幾乎所有的孩子都在不知不覺中已經會背這首詩了。他們也覺得很高興，不是頭腦放空地以高聲朗讀來背詩——

割肉奉君盡丹心，但願主公常清明。
柳下做鬼終不見，強以伴君作諫臣。
倘若主公心有我，憶我之時常自省。
臣在九泉心無愧，勤政清明復清明。

我曾聽到有人把「背誦」解釋成「攜帶於心」與「對文本的所有權」，覺得很迷人。以下這段文字，是我在幾年前讀書時記下的筆記：

十五世紀期間，雖然的確有學者是在自己的私人房間工作，但財力較差的讀者卻受到鼓勵，可以去學校和清真寺的圖書館。這些地方的書籍是用來給那些買不起的人看的；他們可以在此抄寫下想要的作品，供自己使用，不管是背熟內文或者閒暇時學習。十三世紀的學者賈馬雖然建議學生有能力時最好就買書，但卻認為最重要的是這些書要「攜帶於心」，而不是只擺在架上保存就好。

根據賈馬的說法，記憶近似建築藝術，因為藉由不斷練習，讀者得以按自我品味建立私人豪宅，裝潢以各種珍寶，深刻又篤定地宣告自己對所選文本的擁有權。

如果為了擁有對於文本的所有權與攜帶於心的方便性，那麼「背誦」即使經過一些辛苦，也很有意義吧！想請問洪蘭老師，父母如果淺釋或曲解了「背誦」的意義，對於孩子的學習會有什麼樣的影響？

給Bubu
的回應

基礎的知識要記進大腦中，衍生的學問再上網去查詢

背誦不等於死記，兩者的差別在於有沒有理解。許多常用的電話號碼會自動跳出，記起來毫不費力，其實這是因為常常使用會造成神經迴路的連接，連得緊了，起個頭，就像提串粽子似地整個冒出來。記憶是獲取知識的基石，死記的東西若是常常使用，最後也會很流利，雖然仍不知其意義。

精通一門學問後，才能觸類旁通、舉一反三，所以基礎的東西要記在腦海裡，但它所衍生出來的學問則可以上網去查，凡是網路上查得到的就不必背，把時間空下來去學更有意義的東西。在沒有網路之前，幾乎所有東西都要記在腦海裡，所以教育很重視記憶；現在有了網路，人腦的資源應該釋放出來，去處理其他更重要的東西。

為什麼到了電腦世紀，學校還是要求孩子背誦呢？因為記進大腦中的知識提取最快，而且這些基本知識可用來驗證網路上那些新知的真偽，這也是為什麼資訊越發達，普通常識越重要。

把好的文章記在心裡，對寫作和人生都有幫助

背誦的好處大概在作文時最能感受到，想要引用成語、名人的話時，不必停下來找，寫文章可以一氣呵成。所以杜甫說：「讀書破萬卷，下筆如有神。」在我小時候，國語課並不教文法，我到現在對於抒情文、敘事文或是什麼句法、詞類，還是搞不清楚，但是我可以知道這篇文章好不好、值不值得把它背下來。因為我們小時候沒有電視、電玩，唯一的消遣就是看小說，很多不喜歡小說的父母則會要求孩子背《古文觀止》，因為裡頭收錄的都是千錘百鍊、經過時間汰選後才留下來的好文章。讀久了，潛移默化，就能逐漸了解作文起承轉合、前後呼應的道理。這種理解是內隱的知識，我說不出來好在哪裡，但是知道好壞的差別。

背一篇好文章其實沒有那麼痛苦，當我們很喜歡一篇文章時，我們會反覆地讀它、會在心中吟誦、會自動把它背下來。把好的文章記在心裡，不僅對寫作文很有幫助，在人生碰到挫折時也是很好的指點，因為太陽底下沒有新鮮事，發生在你身上的事，不同時間、不同地點、不同名字，都發生過，你可以利用前人的智慧來解決手邊的問題。所以孔子說：「不知史，絕其智。」但是你若沒有把這些話放在心中，又要怎麼去利用它呢？

以邏輯性和意義度做輔具，記憶會更容易

看到好的文章，我會想把它背下來，我不喜歡背的是沒有意義的年代或文告。以前歷史幾乎都是考填空題，填人名和年代，一開始實在很辛苦，後來發現只要多看野史或演義，人名的熟悉度增加了、事情發生的先後順序知道了，抓住一個「錨點」（anchoring point），就可以把很多事件串連起來，歷史就不會無聊，也不會張冠李戴，發生張飛打岳飛、關公戰秦瓊的錯誤了。

從實驗看來，記憶的本質就是一個熟悉度，熟悉東西的神經迴路是大條的、臨界點是低的，它容易被激發，也容易在既有的基石上添加新的東西。所謂的相似性會引發聯想（Similarity breeds connection.），記憶會把相似的東西歸類在一起，當我們看到它們的相關事物時，就能觸類旁通衍生出新的知識。因此九九乘法表要背、二十六個字母要背，因為它是基石，叫基本功。

死背是不懂意思、沒有邏輯、沒有脈絡，大腦裡沒有現成的架構（schema）可以去放置這項知識，只好一句一句背下來。這時的記憶歷程是痛苦的，因為它沒有輔具（理解所帶來的意義度），只能靠一而再、再而三地活化同一迴路來強化記憶。我們經常忽略意義度的重要性，以前很多老師不先講解意思就叫學生背，常說

「背熟了就懂了」。沒錯，背熟了總有一天意義會出來，但是在未懂之前的記憶過程卻是痛苦的。

任何一門學問，只要懂了，都不難記

七〇年代，認知心理學家做了許多記憶實驗來改進老師的教學方法，其中一個是先說明今天上課的主題和大綱，再講細節，這樣的效果最好。因為主題和大綱提供了一個放置細節資訊的架構，邏輯和條理一分明，意義度就出現、就容易記了。會教和不會教的老師最大的差別，就在於他能否把難懂內容的意義解釋給學生聽，用意義度來幫助記憶。

在美國念書時，我的第一個室友是念文學的，他教我英文基本構字的原則和字根，讓我即使看到生字也能大略猜出它的意思，這大大增加了我對閱讀英文小說的興趣，提升了我的英文程度。

很多人也覺得背法條很痛苦，我卻不覺得，因為我父親是法律系教授，他把每則法條背後的立法精神講給我聽，從推理去著手，法條有了意義，就不難記了。父親說，法條不需背，有六法全書可查，要背的是憲法，因為這個根本大法是母法，是所有衍生法的立法精神。

任何一門學問，只要懂了，都不難記。Bubu 老師之前曾提到，梁實秋去美國留學後不再害怕數學，就是一個好的例子。梁實秋先生一再強調學習是紀律，因為剛開始時，打根基需要紀律，根基穩了，高樓大廈自然平地起，成果才會輝煌。

教育教養 BEP014D

從收穫問耕耘，腳踏實地談教育

國家圖書館出版品預行編目(CIP)資料

從收穫問耕耘, 腳踏實地談教育
洪蘭, 蔡穎卿作.--第一版.-- 臺北市：
遠見天下文化, 2014.10
面； 公分.（教育教養；EP014）

ISBN 978-986-320-580-7（平裝）

1.親職教育 2.子女教育

528.2　　103019956

作者 — 洪蘭、蔡穎卿
總編輯 — 吳佩穎
責任編輯 — 郭玢玢（特約）
封面暨內頁設計 — 耶麗米工作室
封面攝影 — 唐岱蘭、Eric

出版者 — 遠見天下文化出版股份有限公司
創辦人 — 高希均、王力行
遠見・天下文化・事業群 董事長 — 高希均
事業群發行人、CEO — 王力行
天下文化社長 — 林天來
天下文化總經理 — 林芳燕
國際事務開發部兼版權中心總監 — 潘欣
法律顧問 — 理律法律事務所陳長文律師
著作權顧問 — 魏啟翔律師
社址 — 台北市 104 松江路 93 巷 1 號 2 樓

讀者服務專線 —(02)-2662-0012　傳真 —(02)2662-0007；(02)2662-0009
電子郵件信箱 — cwpc@cwgv.com.tw
直接郵撥帳號 — 1326703-6 號　遠見天下文化出版股份有限公司

電腦排版 — 唯翔工作室
製版廠 — 東豪印刷事業有限公司
印刷廠 — 柏皓彩色印刷有限公司
裝訂廠 — 台興印刷裝訂股份有限公司
登記證 — 局版台業字第 2517 號
總經銷 — 大和書報圖書股份有限公司　電話 —(02)8990-2588
出版日期 —2019 年 8 月 23 日第二版第 1 次印行
　　　　　2023 年 4 月 24 日第三版第 1 次印行

定價 — NT$450
4713510943526
書號 — BEP014D
天下文化官網 — bookzone.cwgv.com.tw